PRENDRE SOIN
DE LA VIE

Ouvrage publié sous la direction de Catherine Meyer

émergences

www.emergences.org
www.facebook.com/emergences

L'Iconoclaste
26, rue Jacob, 75006 Paris
Tél. : 01 42 17 47 80
iconoclaste@editions-iconoclaste.fr
www.editions-iconoclaste.fr

CHRISTOPHE ANDRÉ, GAUTHIER CHAPELLE,
ALEXANDRE JOLLIEN, ILIOS KOTSOU,
STEVEN LAUREYS, CAROLINE LESIRE,
MATTHIEU RICARD, LUC SCHUITEN,
REBECCA SHANKLAND, SUZANNE TARTIÈRE

PRENDRE SOIN DE LA VIE

DE SOI, DES AUTRES ET DE LA NATURE

L'ICONOCLASTE

À la vie,
à celles qui la portent,
à celles et ceux qui la soignent et la protègent,
aux enfants, notre avenir,
aux anciens, notre mémoire
aux animaux, si proches,
aux végétaux, si fascinants,
et à la planète, notre maison commune.

« Être vivant dans ce bel univers auto-organisé, participer à la danse de la vie avec nos sens pour la percevoir, nos poumons pour la respirer, et notre chair pour s'en nourrir, tout cela est une merveille au-delà des mots. »

JOANNA MACY

INTRODUCTION

Évoquer la vie, c'est faire surgir de multiples images : un enfant qui vient au monde, un poulain galopant dans l'herbe verte, le cycle des saisons. C'est entendre un cœur qui bat, le chant des oiseaux. C'est admirer l'arbre qui puise sa force dans la terre et grandit avec détermination vers le ciel. C'est regarder les vagues se brisant inlassablement sur le rivage ou encore contempler, fasciné, la voûte étoilée. Les innombrables manifestations de la vie en nous et autour de nous sont sources de joie comme d'émerveillement.

D'un point de vue biologique, psychologique, philosophique et spirituel, la vie est un phénomène fascinant. On sait aujourd'hui que la moitié au moins des milliards de cellules qui composent notre corps appartiennent à des champignons, des virus, des bactéries, d'autres que « nous ». L'air qui nourrit nos cellules d'êtres vivants et respirants a traversé et nourri d'innombrables êtres humains avant nous. Il a également façonné les arbres et les fleurs, sustenté des animaux terrestres et marins.

Mais la vie est aussi un phénomène vulnérable.

Un grand nombre d'études scientifiques ont déjà été publiées, et de nouvelles paraissent chaque semaine, que ce soit sur la question du changement climatique, de la perte de biodiversité ou encore de l'épuisement des ressources et de la pollution des écosystèmes. Force est de constater que la taille de notre empreinte écologique ne cesse d'augmenter et que nous sommes en train de profondément modifier des équilibres en place depuis des centaines de milliers d'années.

En 1968, la veille de Noël, une photo emblématique (intitulée *Earthrise* en anglais et *Lever de Terre* en français) a été prise par des astronautes en orbite autour de la Lune. Pour un grand nombre de personnes, cette image de notre maison commune, vue de l'espace et symbolisant notre place dans l'Univers, a créé le déclic : plus que le sol sous nos pieds, « la Terre » désignait désormais une planète bleue, merveilleuse, mais aussi tellement fragile dans cet espace immense.

C'est pourquoi nous devons en prendre soin comme de notre bien le plus précieux. Prendre soin de la planète. Prendre soin de la vie en nous, de notre santé bien sûr, mais aussi de notre écosystème émotionnel, bien souvent menacé par la multiplication des sollicitations extérieures (écrans, publicités, réseaux sociaux). Prendre soin de la vie autour de nous aussi, de ceux qui nous sont proches, de cette nature qui nous entoure et dont nous ne sommes qu'un maillon.

Mais comment s'y prendre ? Quels sont les nouveaux usages du monde à inventer ? Telle est la quête de ce livre.

Nous y découvrirons que si nous habitons la nature, elle nous habite aussi, littéralement. Prendre soin de soi, prendre soin des autres et prendre soin de la Terre, tout cela ne constitue pas des actions séparées. Puisque nous sommes liés les uns aux autres et que nous faisons partie de la nature, protéger l'une de ces dimensions renforce les autres. Inversement, s'en déconnecter affecte tout le système. Notre santé, celle des autres et celle de la Terre sont indissociablement liées.

Cette invitation à prendre soin du vivant dans son ensemble – interconnecté et qui ne fait qu'un – peut paraître trop vaste : lorsqu'on se fixe une résolution ou un objectif trop ambitieux, on peut se sentir découragé et s'en détourner pour retomber dans ses vieilles habitudes. Préférer le déni. Pourtant, dans tous les domaines, des gens se mobilisent, il existe des initiatives individuelles ou collectives. L'effort n'est pas forcément une corvée, il peut être joyeux, comme le dit Alexandre Jollien. C'est de tout cela qu'il faut nous inspirer. Pour nous soutenir et nous entraider.

Dans ce livre transdisciplinaire, les plus grands noms des neurosciences, de la méditation, de l'écologie, de la philosophie et de l'architecture proposent d'explorer le monde du vivant, pour s'émerveiller de ses multiples visages mais aussi pour percevoir sa fragilité et la nécessité d'en prendre soin.

Vous y trouverez des invitations à d'autres regards, à d'autres façons de penser, de se relier et évidemment de prendre soin de la vie, en nous et autour de nous. Nous espérons qu'elles pourront inspirer ou nourrir vos propres questionnements. Vous serez guidé par les inspirations, les témoignages, les recherches et les exercices pratiques qui jalonnent ces pages. Deux approches contemporaines nous semblent particulièrement innovantes et inspirantes :

- d'abord celle du *care*, que l'on peut définir, selon son sens littéral en anglais, comme soin, mais aussi comme sollicitude ou souci d'autrui, et qui met en avant les valeurs de responsabilité et de solidarité ;
- ensuite, l'écopsychologie, ce champ d'investigation et d'action au carrefour de l'écologie et de la psychologie, qui questionne les relations entre les humains et leur environnement et vise à les rendre plus harmonieuses.

*
* *

Les différents chapitres vous donneront une vue d'ensemble de différentes manières de « prendre soin », en cohérence avec le vivant en nous et autour de nous.

Le chapitre premier, rédigé par Caroline Lesire, Christophe André et Ilios Kotsou, explore les trois grandes facettes du prendre soin : soi, les autres et la Terre. Le chapitre 2, écrit par le biologiste et spécialiste du biomimétisme Gauthier Chapelle, nous rappelle que l'entraide est une des grandes lois de la nature. Dans le chapitre 3, le philosophe Alexandre Jollien nous guide sur le chemin de la « grande santé », celle qui nous permet d'aller au cœur des difficultés. Dans le chapitre 4, le neurologue Steven Laureys nous propose d'explorer notre conscience et passe en revue quelques bienfaits de la méditation pour notre cerveau. Dans le chapitre 5, Matthieu Ricard illustre comment prendre soin de la vie spirituelle nous conduit à devenir de meilleurs êtres humains. Le chapitre 6, avec Rebecca Shankland, nous montre comment les pouvoirs de la gratitude peuvent améliorer notre bien-être et la qualité de nos relations. Dans le chapitre 7, nous suivons le visionnaire Luc Schuiten dans la construction d'une ville où l'architecture est au service du vivant. Dans le chapitre 8, Suzanne Tartière, médecin anesthésiste au Samu de Paris, nous incite à prendre soin de nos aînés. Enfin, le chapitre final redonne la parole à Caroline Lesire, Ilios Kotsou et Christophe André pour clôturer sur l'importance des liens et de l'émerveillement pour nourrir une action au service du vivant.

De nombreux témoins nous prêtent également leur voix et nous éclairent de leur expérience au service de la vie : le psychiatre, méditant et auteur Edel Maex, compagnon de longue date, Jean-Luc Daub et son refuge d'animaux rescapés des abattoirs, Latifa Ibn Ziaten, avec son association pour la jeunesse et la paix, Ève Ricard, dont le lien avec la maladie nous apprend beaucoup sur la vie, et enfin la pédiatre Bernadette Lavollay, attentive à changer les conditions de venue au monde des bébés. Nous espérons, par ce livre, nourrir votre élan intérieur et vos actions au service d'un monde qui prend soin de la vie dans toutes ses dimensions.

1

QUE SIGNIFIE PRENDRE SOIN DE LA VIE ?

CAROLINE LESIRE, CHRISTOPHE ANDRÉ ET ILIOS KOTSOU

CHRISTOPHE ANDRÉ EST PSYCHIATRE ET AUTEUR DE NOMBREUX OUVRAGES, CAROLINE LESIRE EST DIPLÔMÉE EN SCIENCES POLITIQUES, ACTIVISTE ET INSTRUCTRICE DE PLEINE CONSCIENCE, ET ILIOS KOTSOU EST DOCTEUR EN PSYCHOLOGIE, CHERCHEUR ET AUTEUR.

Nous cohabitons sur une planète fascinante où le vivant se manifeste sous de multiples formes. Mais de quelle manière sommes-nous présents à ce monde ? Souvent, c'est pour nous en servir, pour l'utiliser, voire l'exploiter, comme nous le verrons dans ce chapitre. Il existe pourtant une autre façon de l'habiter. Nous en avons tous fait l'expérience en vivant l'un de ces moments d'émerveillement, de connexion, d'intense bien-être où il nous semble que nous disposons de tout ce dont un humain a besoin : un lien avec d'autres êtres que nous aimons, une connexion avec le vivant et peut-être un lien avec plus grand que nous. Ce sont des occasions rêvées de ressentir notre place dans ce monde et de prendre conscience de sa complexité et de sa beauté.

Comment donner envie à chacun de préserver ce miracle ? Comment mieux vivre tous ensemble sans laisser personne sur la touche ? Quel rapport trouver concrètement entre le lien à soi, aux autres et au monde ? Telles sont les différentes pistes que nous vous proposons d'explorer, sans injonction, avec le désir de vous inspirer et de vous aider à façonner vos propres façons d'agir.

Les trois dimensions du soin

Prendre soin de la vie comporte plusieurs dimensions :

- La première nous concerne en tant qu'individus. Malgré la formulation qui pourrait sembler nombriliste, prendre soin de soi est souvent une première étape pour mieux s'engager au service de ceux qui nous sont proches et de ce qui nous entoure. Et ce soin concerne aussi bien notre corps que notre esprit. Quand nous souffrons, que nous hébergeons des déséquilibres en nous, nous risquons de réduire notre univers mental à un noyau douloureux. Comme l'explique Alexandre Jollien au chapitre 5, la souffrance nous replie sur nous-mêmes. Il n'est donc pas illégitime de s'occuper de soi, bien au contraire.

- La deuxième dimension engage le soin des autres : de nos proches d'abord – notre famille, notre « tribu » – et de tous les groupes humains dans lesquels nous évoluons. Et, au-delà de nos groupes d'appartenance, prendre soin de la vie, c'est aussi prendre soin des plus vulnérables, des plus fragiles, des exclus de nos sociétés. C'est œuvrer pour une société plus inclusive, juste et tolérante.
- Enfin, comment ne pas élargir la dimension du soin aux « autres qu'humains », comme les appelle la militante écologiste Joanna Macy, les animaux, les végétaux, toutes les formes du vivant sur notre belle et unique planète ?

L'écologie intérieure : prendre soin de soi

L'invitation à prendre soin de soi se retrouve dans de nombreuses cultures, notamment dans les traditions bouddhistes ou hindouistes, mais aussi dans l'invitation socratique du « Connais-toi toi-même », qui nous incite à mieux nous observer pour mieux prendre soin de notre maison intérieure. Chacun d'entre nous est un microcosme en lien avec le macrocosme, et ces deux dimensions s'influencent l'une l'autre.

La dureté que nous manifestons envers les autres et envers la Terre trouve son pendant dans la rudesse avec laquelle nous nous traitons bien souvent nous-mêmes. Dès lors, tant que nous n'aurons pas fait la paix avec nous, nous ne serons pas en mesure d'instaurer la paix dans le monde[1]. C'est ce que souligne Etty Hillesum lorsqu'elle nous dit : « Notre unique obligation morale, c'est de défricher en nous-mêmes de vastes clairières de paix et de les étendre de proche en proche, jusqu'à ce que cette paix irradie vers les autres. Et plus il y a de paix dans les êtres, plus il y en aura aussi dans ce monde en ébullition[2]. »

---

1. Kumar, S., *Pour une écologie spirituelle : la Terre, l'âme, la société, une nouvelle trinité pour notre temps*, Belfond, 2018.
2. Hillesum, E., *Une vie bouleversée*, Le Seuil, 1995.

La bienveillance envers soi-même

Mais comment faire la paix avec soi ? Première piste : apprendre à cultiver la compassion ou la douceur envers soi-même, véritable antidote à la dureté (et parfois même à la violence) que l'on s'inflige. Lorsque nous nous sentons en insécurité, notre système de détection et de défense face aux dangers est activé : nous sommes en mode « survie » et nous courons plus de risques de nous comporter de manière égoïste et agressive envers les autres et l'environnement. Certains chercheurs comme Paul Gilbert ont avancé l'hypothèse que la douceur envers soi désactive ce système de défense et active le système d'affiliation, associé aux relations avec les autres et à l'affection[3].

Un des premiers pas vers l'autobienveillance consiste à simplement porter attention à la manière (souvent exigeante et dure) avec laquelle nous nous traitons dans les moments de difficulté. Combien d'entre vous ont déjà entendu une petite voix intérieure leur asséner : « Tu n'es pas à la hauteur, tu n'y arriveras jamais » ? Pourrions-nous apprendre à nous parler différemment, à nous mettre à l'écoute de nos difficultés comme nous le faisons avec nos

---

3. Gilbert, P. *et al.*, « Feeling Safe and Content: A Specific Affect Regulation System? Relationship to Depression, Anxiety, Stress, and Self-Criticism », *The Journal of Positive Psychology*, 3(3), 2008, p. 182-191.

proches, leur apportant des paroles de réconfort ou d'encouragement ?

Prendre conscience de la maltraitance dont nous faisons preuve envers nous-mêmes est une étape clé. Surtout dans la société de la performance, qui nous impose ses critères de réussite, de beauté, de compétition et érige le regard d'autrui en juge permanent. Devant un proche qui souffre ou se bat face aux épreuves, nous trouvons l'attitude juste pour consoler, réconforter, encourager. Pourquoi ne serions-nous pas capables de la même bienveillance envers nous-mêmes ?

De nombreux programmes ont été développés pour nous apprendre à prendre soin de nous, à développer nos ressources intérieures, à retrouver la confiance et la paix. Le professeur Paul Gilbert a notamment mis au point une thérapie de groupe dénommée « formation à l'esprit compassionné », qui aide à développer ces qualités de compassion envers soi-même[4]. L'entraînement à l'autocompassion (en huit semaines) conçu par la psychologue Kristin Neff permet aussi d'entrer en contact avec

---

4. Gilbert, P. et Procter, S., « Compassionate Mind Training for People with High Shame and Self-Criticism: Overview and Pilot Study of a Group Therapy Approach », *Clinical Psychology and Psychotherapy: An International Journal of Theory & Practice*, 13(6), 2006, p. 353-379.

cette douceur envers soi-même et d'améliorer son bien-être[5].

Le masque à oxygène

Prendre soin de soi, ce n'est pas se replier sur l'espace étriqué de son égo, c'est se préparer à prendre soin des autres. La métaphore du masque à oxygène dans l'avion nous rappelle le lien entre soi et autrui. En cas de dépressurisation de la cabine, la consigne donnée par le personnel de bord est de mettre d'abord le masque à oxygène sur son visage avant d'aider ses enfants ou les gens autour de soi. C'est seulement à ce moment-là que l'on peut se rendre disponible aux autres, sans suffoquer soi-même.

Finalement, prendre soin de soi, de ses fragilités, c'est aussi prendre soin de ce qui nous unit toutes et tous : notre vulnérabilité. Sans elle, nous n'irions pas vers les autres. Elle participe à la création du lien, elle permet d'être touché par l'autre. « Il y a une faille en toute chose, c'est par là qu'entre la lumière[6] », nous dit le poète et chanteur canadien Leonard Cohen. Cette douceur envers soi-même est l'ingrédient clé pour entretenir des relations plus

---

5. Neff, K. D. et Germer, C. K., « A Pilot Study and Randomized Controlled Trial of the Mindful Self-Compassion Program », *Journal of Clinical Psychology*, 69(1), 2013, p. 28-44.
6. Paroles de la chanson intitulée *Anthem*, de l'album *The Future*, de 1992.

amicales avec soi, ce qui ouvre à un rapport plus apaisé avec les autres et avec le monde.

Entrer en amitié bienveillante envers soi, c'est un peu comme enlever ce masque de dureté ou cette distance qui nous éloigne de notre nature profonde et du reste du monde. En nous connectant à la douceur, nous pouvons alors nous laisser toucher par l'autre et prendre soin de lui. Nous avons besoin de nous sentir en lien avec les autres, de ressentir et de donner de l'amour et de la confiance[7].

Par ailleurs, l'autocompassion nous aide aussi à éviter le piège de la rigidité et de l'intolérance qui nous ferait rejeter chez les autres ce que nous n'aimons pas en nous, pour cultiver à la place une attitude d'amitié fondamentale envers toutes les formes de vie.

Méditation pour prendre soin de soi proposée par Edel Maex

Il y a quelques jours, quelqu'un est venu me voir. Il venait de rejoindre l'un de mes groupes de pleine conscience et me confia son désarroi :

« Ça ne va pas, ça ne va pas, quand je pratique le balayage corporel, tout ce que je rencontre, c'est de la tristesse... Que dois-je faire ?

— De quoi as-tu besoin quand tu es triste ?

7. Baumeister, R. F. et Leary, M. R., « The Need to Belong: Desire for Interpersonal Attachments as a Fundamental Human Motivation », *Psychological Bulletin*, 117(3), 1995, p. 497.

— D'être écouté, me répondit-il aussitôt.
— Eh bien ça tombe bien, c'est la définition exacte de la méditation : écouter et être écouté. »
Je vous invite donc à « prendre soin » en écoutant et en étant écouté en même temps.
Et quand je dis « prendre soin », je ne dis pas « prendre soin de vous-même, des autres ou de tous les êtres vivants », je dis simplement « prendre soin » : écouter, regarder, être présent à tout ce qui se déroule dans votre expérience. Juste être présent et accueillir ce qui se présente, à chaque instant, sans rien exclure : ni vous-même, ni les autres êtres vivants, ni le reste du monde.
Dans cet acte même d'accueillir, d'écouter, d'observer, dans cette volonté de regarder et d'être présent, on peut trouver une grande bienveillance. Dans cet état de conscience, vous vous ouvrez à une forme de compassion et d'amour.
Il se peut que la tristesse traverse votre esprit, soyez simplement là, soyez prêt, ayez la volonté d'accueillir aussi cela.
Porter sur les choses positives ou négatives ce regard bienveillant et empathique permet alors de prendre conscience de la bonté, de la beauté et de la joie présentes en ce monde, et de l'humanité et de l'entraide qui sont toujours là aussi.
Il suffit d'être prêt à regarder et à écouter sans rien exclure. Et de cultiver l'art de prendre soin, qui s'inscrit

dans notre nature et dans notre raison d'être la plus profonde.

Psychiatre, auteur et formateur, Edel Maex est un précurseur de la méditation de pleine conscience en Belgique.

L'écologie relationnelle et sociale : prendre soin des autres

Alors que la plupart des mammifères sont capables de se tenir debout et de marcher seuls quelques heures seulement après leur naissance, les petits d'humains viennent au monde incapables de prendre soin d'eux-mêmes et dépendent entièrement d'autrui : de leur mère pour être nourris et câlinés, mais aussi de toute une communauté pour recevoir l'attention, la présence, la bienveillance, qui leur permettent de grandir et de s'épanouir. L'empathie et les comportements d'entraide qui en découlent sont très présents dans le monde animal. À titre d'exemple, les chimpanzés et les bonobos sont doués de comportements altruistes très sophistiqués pour aider des congénères affaiblis ou handicapés. Idem chez les éléphants, qui réconfortent et aident leurs proches, ou chez les dauphins, qui peuvent soutenir un congénère en difficulté pour lui permettre de continuer à respirer. Mais chez les humains, ces élans sont tout simplement indispensables à la survie[8].

Un câblage naturel limité...

Pourtant, si nous sommes naturellement « câblés pour l'altruisme », comme le montrent de nombreuses recherches scientifiques[9], et que nous aimons aider, force est de constater que nous le faisons davantage pour les individus du groupe auquel nous nous identifions. En situation de danger ou de stress, le système motivationnel qui s'active automatiquement est centré sur la protection et la détection de la menace. Une des conséquences de l'activation de ce système est qu'il induit une tendance à favoriser un repli sur nous-mêmes et sur notre groupe d'appartenance et à faire preuve de préjugés et de rejet envers les groupes dits extérieurs. Une étude a par exemple montré que les circuits cérébraux impliqués dans l'empathie devant la souffrance des autres ne s'activaient pas pour les individus ne faisant pas partie du groupe auquel le sujet s'identifiait[10].

Mais l'excellente nouvelle, issue de la même étude, est que l'on peut corriger ce déficit par un apprentissage. Si l'on met les participants en

8. Ricard, M., *Plaidoyer pour l'altruisme*, NiL, 2013.

9. *Ibid.*

10. Hein, G. *et al.*, « How Learning Shapes the Empathic Brain », *Proceedings of the National Academy of Sciences*, 113(1), 2016, p. 80-85.

situation d'être aidés par un membre de l'*outgroup* (c'est ainsi que, dans le vocabulaire scientifique, on qualifie le groupe auquel on se sent étranger), on observe par la suite une plus grande activation des circuits de l'empathie, qui se généralise à des personnes issues de cet *outgroup*.

... et à cultiver

Une des pistes pour cultiver ce lien aux autres est de pratiquer une forme de méditation que l'on nomme en français « méditation de l'amour bienveillant » (*loving-kindness meditation* en anglais). Dans cet exercice, qui consiste à orienter son esprit vers les personnes que l'on aime et celles et ceux qui nous entourent, il ne s'agit pas de « se dire qu'on les aime », mais de le ressentir, de laisser monter en soi ce sentiment (sympathie, affection ou amour profond) et de lui donner de la place pour qu'il se manifeste physiquement. Ce qui est proposé, ce n'est pas d'avoir des pensées ou des intentions d'affection, mais de ressentir, de mettre en mouvement des émotions affectives.

La recherche a montré que quelques minutes de ce type de méditation suffisaient à potentiellement accroître le sentiment de connexion sociale et engendraient une attitude plus positive envers des personnes que l'on ne connaît pas[11].

---

11. Hutcherson, C. *et al.*, « Loving-Kindness Meditation Increases Social Connectedness », *Emotion*, 8(5), 2008, p. 720-724.

Un exercice d’amour bienveillant

En prenant quelques respirations, observez si une partie de votre corps a besoin de réconfort ou d’attention à ce moment précis.

Identifiez-la. Puis frottez vos mains l’une contre l’autre et sentez la douce chaleur qui en émane.

Posez-les avec douceur et bienveillance sur l’endroit du corps qui en a besoin. Prenez pleinement conscience de la chaleur et de la douceur bienveillantes et réparatrices qui circulent de vos mains vers cet endroit sensible de votre corps.

Répétez l’exercice autant de fois que nécessaire.

Amenez à votre esprit une personne qui compte pour vous : prenez un moment pour vous connecter à elle et tourner cette intention de bienveillance vers elle.

Laissez ces sentiments se répandre depuis votre cœur comme une lumière chaude.

Vous pourriez intérieurement lui souhaiter d’être heureuse, de vivre en paix et de traverser au mieux les difficultés de la vie.

Restez un instant avec les sensations ou les émotions qui affluent tout en restant présent au rythme de votre respiration.

Comment pourriez-vous élargir ce sentiment de bienveillance aux autres et à la vie en général ?

La pratique de la douceur envers nous-mêmes et la méditation d’amour bienveillant ont comme point commun de favoriser un sentiment de communion. En nous y exerçant, nous serons plus enclins à ressentir ce que nous partageons profondément avec les autres et à nous considérer en lien plutôt que de nous enfermer dans l'opposition ou la différenciation.

Cette compréhension profonde de l'interdépendance entre tous les êtres sensibles est parfaitement décrite par le moine vietnamien Thích Nhất Hạnh dans ce poème[12] :

Appelez-moi par mes vrais noms

Ne dites pas, je serai parti demain,
car je ne cesse de naître, aujourd'hui encore.
Regardez en profondeur : je nais à chaque seconde
bourgeon sur une branche printanière,
oisillon aux ailes encore fragiles,
apprenant à chanter dans mon nouveau nid,
chenille au cœur d'une fleur ;
bijou caché dans une pierre.
Je ne cesse de naître, pour rire et pour pleurer ;
pour craindre et pour espérer :
Mon cœur est rythmé par la naissance et
la mort de tout ce qui est vivant.
Je suis l'éphémère se métamorphosant sur l'eau de la rivière,
et je suis l'oiseau qui, au printemps, naît juste à temps

12. *La Terre est ma demeure*, Belfond, 2017.

pour manger l'éphémère.
Je suis la grenouille nageant heureuse dans la mare claire,
Et je suis l'orvet approchant en silence pour se nourrir de la grenouille.
(…)
Ma joie est comme le printemps, chaude,
au point d'épanouir des fleurs en tout mode de vie.
Ma peine forme une rivière de larmes, débordante,
au point d'emplir les quatre océans.
S'il vous plaît, appelez-moi par mes vrais noms,
Que j'entende ensemble mes cris et mes rires,
Que je voie ma joie mais aussi ma peine.
Appelez-moi, s'il vous plaît, par mes vrais noms,
Que je m'éveille, et ouvre pour toujours la porte de mon cœur,
la porte de la compassion.

THÍCH NHẤT HẠNH

De l'empathie à la compassion

L'un des écueils liés à l'empathie, lorsqu'elle est uniquement affective, est ce que l'on appelle la « détresse empathique ». Nous sommes tellement affectés par la souffrance d'autrui que nous nous replions sur nous-mêmes ou nous détournons des souffrances dont nous sommes témoins. C'est ce qui arrive à de nombreuses personnes travaillant dans le soin ou l'aide humanitaire. Or, il n'est pas indispensable de ressentir en soi tout ce que ressent autrui pour l'aider. C'est même dangereux. Voilà pourquoi Matthieu Ricard ou Paul Bloom font davantage référence à la compassion, qui comprend une attitude bienveillante à l'égard de l'autre, une motivation à l'aider, et débouche aussi sur des comportements altruistes.

Autrement dit, même si le déclic empathique est au départ émotionnel, il est préférable ensuite de mobiliser sagesse et lucidité et de travailler sur le discernement et la dimension cognitive : « Plus l'amour altruiste et la compassion sont de type cognitif, plus ils donnent de l'ampleur à l'altruisme, et moins ils sont affectés par les perturbations émotionnelles telles que la détresse engendrée par la perception de la souffrance d'autrui[13] », précise à ce sujet Matthieu Ricard.

D'où un deuxième type de méditation que l'on nomme « méditation de compassion », dans laquelle on s'entraîne à tourner notre esprit vers les souffrances que peuvent ressentir nos proches. L'idée est d'en accueillir la conscience et de souhaiter, de tout notre cœur, qu'elles cessent ou du moins diminuent. Là encore, comme pour l'amour bienveillant, ce vœu est plus qu'une simple pensée, il doit être éprouvé physiquement, autant que possible.

Nous pouvons tous devenir de meilleurs humains,

---

13. *Ibid.*

développant nos capacités d'altruisme, de bienveillance, de compassion, si, régulièrement et profondément, nous donnons de l'espace, en nous, pour ces ressentis. Les bénéfices de ce travail pour l'ensemble de la société peuvent être immenses.

Quelle sorte de modèles voulons-nous ?

Le chercheur Jonathan Haidt a étudié les trois grandes émotions du lien social :

- la gratitude (cette émotion chaleureuse que nous pouvons ressentir et tenter de développer à l'égard des gens qui nous ont fait du bien) ;
- l'admiration (qui consiste à observer des événements admirables et à s'en inspirer pour nos propres comportements) ;
- l'élévation (qui consiste à voir des personnes mettre en action des comportements vertueux).

Il montre que, plutôt que de prendre pour modèles les images de réussite que la société contemporaine promeut (performance financière, économique, sociale, etc.), nous devrions nous inspirer des personnes qui suscitent notre admiration, notre gratitude et élèvent notre esprit. Pour le bien commun, on ne peut donc que souhaiter une société qui valorise davantage ce type de personnes et d'attitudes admirables.

L'urgence de l'écologie extérieure

La troisième dimension du soin englobe le monde qui nous entoure. Nous sommes souvent présents à la Terre d'une manière utilitariste. Nous nous en servons, nous l'exploitons sans tenir compte de ses besoins. C'est le cas de l'agriculture intensive, par exemple, où l'on ne considère la Terre qu'en fonction de ce qu'elle peut fournir comme marchandises et comme profits. Nous avons développé au fil du temps une façon d'exploiter la Terre qui revêt une forme d'irrespect très profond.

Nous avons le même usage du monde dans notre manière de traiter les animaux, et en particulier ceux qui sont élevés pour leur viande ou leur lait. Considérés jusque très récemment encore par la loi comme des « choses », des biens meubles que l'on peut posséder, acheter, utiliser, jeter, alors que ce sont des êtres sensibles qui, comme nous, ressentent des émotions. Gandhi disait que l'on reconnaît le degré de *civilisation* d'un peuple à la manière dont il traite ses *animaux*. Le fait que de plus en plus de personnes prennent conscience de cette indigne souffrance et qu'ils modifient leurs habitudes de consommation est cependant porteur d'espoir pour l'avenir.

Quand saurons-nous prendre soin des animaux ?

« Prendre soin de la vie implique de ne pas nuire à celle des autres, humains ou animaux. C'est l'expérience douloureuse que j'ai faite malgré moi, il y a quelques années.

J'ai effectué plusieurs séjours en hôpital psychiatrique où j'ai failli mourir. Et ce qui m'a conduit là, ce sont dix années d'enquêtes dans les abattoirs. Le sentiment d'impuissance que j'éprouvais m'a précipité dans la souffrance. J'ai bien failli y laisser ma peau, sans parler de la souffrance causée à ma famille.

Ce que l'on fait subir aux animaux dans ces endroits est inhumain, à mille lieues de ce que l'on cherche à nous faire croire. Dès leur arrivée, les animaux sentent que quelque chose ne va pas, ils sont stressés par les cris et hurlements des autres animaux en train de se faire abattre ou par les signaux olfactifs de stress contenus dans les urines de leurs congénères.

Je garde en mémoire, parmi d'innombrables souvenirs cauchemardesques, une truie jetée en bas d'un camion sur laquelle tous les autres cochons avaient été déchargés de force. Je lui tenais compagnie tandis qu'elle agonisait. Après de longues heures, les vétérinaires acceptèrent de l'achever, mais en utilisant un pistolet pour bovins (non adapté au crâne d'un cochon), ils ne firent qu'accroître sa souffrance jusqu'à ses derniers instants. »

Un matin sur les hautes terres de l'Islande, Matthieu Ricard, émerveillé prend une photo. L'émerveillement engendre le respect envers la nature sauvage, le respect mène au désir de protéger notre environnement et ce désir mène à l'action.

Témoignage de Jean-Luc Daub[14]. Jean-Luc a été enquêteur dans les abattoirs pour des associations de protection animale.

Nous reviendrons dans le chapitre 9 sur les nouveaux usages du monde à mettre en œuvre et sur les questions concrètes qui se posent à nous, aujourd'hui, urgemment. Mais pour l'heure, avant de conclure ce chapitre, il nous faut explorer l'idée clé selon laquelle notre bien-être est lié au bien-être des environnements dans lesquels nous vivons et au bien-être des êtres avec lesquels nous partageons cet environnement.

Tout est lié

Notre bien-être, celui de la Terre et celui des autres sont inextricablement liés. Vivre en harmonie avec nous-mêmes, les autres (quelle que soit leur nationalité, orientation de vie, couleur de peau, religion), la Terre et les autres espèces est, comme le dit l'activiste indien Satish Kumar, une condition à l'instauration de la paix dans le monde[15].

14. Militant de la cause animale et éducateur technique spécialisé auprès de personnes atteintes de troubles psychotiques, il est l'auteur de *Journal d'un enquêteur dans les abattoirs français*, L'Harmattan, 2009.
15. Kumar, S., *Pour une écologie sprirituelle : la Terre, L'âme, la société, une nouvelle trinité pour notre temps*, Belfond, 2018.

Notre bien-être est lié à celui de la Terre

De façon générale, les observations des scientifiques montrent que le fait de regarder des images de nature entraîne une activité accrue dans le cortex cingulaire antérieur et l'insula (zones associées à la stabilité émotionnelle, à l'altruisme, à l'empathie), tandis que la contemplation de lieux urbains augmente l'activité de l'amygdale cérébrale (zone de réponse aux stimuli émotionnellement aversifs).

De nombreux travaux montrent plus précisément les bienfaits que nous pouvons tirer d'une immersion dans des espaces naturels. À titre d'exemple, une étude indique que se promener dans la nature sauvage, présentant de multiples essences d'arbres, de grandes variétés d'herbes et de fleurs, serait davantage bienfaisant qu'une balade dans une « fausse » nature ou au cœur de jardins artificiels pauvres en espèces[16].

Et cette même étude montre que plus nous sommes en paix intérieurement et avons réglé nos déséquilibres intérieurs, plus nous sommes sensibles à la biodiversité et capables de la voir, de la savourer, de nous en réjouir, même si ce n'est pas forcément conscient. Autrement dit, le mieux-être que nous ressentons dans la nature est proportionnel à

16. Fuller, R. A. *et al.*, « Psychological Benefits of Greenspace Increase with Biodiversity », *Biology Letters*, 3, 2007, p. 390-394.

Le mieux-être
que nous ressentons
dans la nature est
proportionnel
à la multiplicité
des espèces
de plantes et de
chants d'oiseaux.

la multiplicité des espèces de plantes et de chants d'oiseaux.

On sait aussi que le contact avec la nature a un impact sur le développement cognitif et affectif de l'enfant : observer comment les plantes et les animaux coopèrent ou entrent en compétition, comment ils évoluent, savent résoudre des défis complexes est une incroyable occasion d'apprentissage. Dans *Last Child in the Woods*[17] (« Dernier enfant dans les bois »), Richard Louv montre que les enfants qui vivent « à l'intérieur » et sortent peu dans la nature sont plus sujets à l'obésité et aux troubles de l'attention. Une étude californienne[18] rapporte que les élèves qui bénéficient de classes de plein air ont de meilleurs résultats scolaires et une compétence accrue en résolution de problèmes, en pensée critique et en prise de décisions.

Notre bien-être est lié à celui des autres

Nous sommes une espèce sociale pour laquelle l'attention de chacun aux autres est une caractéristique fondamentale. Pour aller encore plus loin dans cette idée d'interdépendance, des études

---

17. Louv, R., *Last Child in the Woods: Saving Our Children from Nature-Deficit Disorder*, Algonquin Books, 2008.
18. Ruth Ann Atchley, David L. Strayer, et Paul Atchley, « Creativity in the Wild: Improving Creative Reasoning Through Immersion in Natural Settings », in PloS One, vol. 7, n° 12, décembre 2012, e51474.

scientifiques suggèrent de remettre en question les idées préconçues sur l'égoïsme et l'autosuffisance.

L'estime de soi telle qu'elle était comprise il y a encore quelques années renvoyait à l'idée de ne devoir faire confiance qu'à soi-même. Aujourd'hui, une vision adaptée de l'estime de soi nous propose d'être conscients de nos forces mais aussi de la force de tous les liens qu'il y a autour de nous : les liens amicaux, de camaraderie ou même de fraternité avec des personnes que l'on ne connaît pas.

Les dimensions sociale et environnementale sont liées

La pollution, l'un des grands défis écologiques auxquels nous devons faire face, a aussi des enjeux sociaux. Des études troublantes montrent qu'elle ne représente pas seulement un problème pour la Terre et pour nos corps, mais qu'elle est aussi extrêmement toxique pour les sociétés. Des chercheurs ont mis en évidence, dans près de deux mille villes aux États-Unis et en Inde, des corrélations très fortes entre les jours de pollution et les comportements antisociaux ou délinquants[19].

19. Lu, J. G. *et al.*, « Polluted Morality: Air Pollution Predicts Criminal Activity and Unethical Behavior », *Psychological Science*, 29(3), 2018, p. 340-355.

Lors d'une autre expérience[20], des chercheurs ont exposé en laboratoire des personnes à des photos d'un environnement très pollué ou, au contraire, préservé et sain. Ils leur donnaient une tâche et l'expérimentateur s'absentait, laissant donc l'occasion aux sujets d'éventuellement tricher. On constate que le groupe exposé aux photos d'environnements pollués comportait plus d'individus tendant à tricher ou à développer des comportements antisociaux ou immoraux. Selon les chercheurs, une des explications pourrait être liée au niveau d'anxiété. Les personnes pressentaient peut-être que ce type d'environnement était néfaste pour eux, qu'il les mettait en danger, augmentant leur niveau d'anxiété et activant des mécanismes de cavalier seul du type « chacun pour soi », « sauve ta peau », « ne t'occupe que de tes intérêts », « ne respecte plus les standards moraux ».

*
* *

Prendre soin de la vie, c'est composer avec tous les malheurs et toute la violence que celle-ci peut comporter. Malgré toutes nos bonnes intentions, malgré notre profond désir que ce monde soit aussi doux et aussi bienveillant que possible, la tâche est vaste et l'adversité peut prendre des formes

20. *Ibid.*

extrêmes. Le simple fait de méditer et d'être bienveillant n'effacera certes pas toutes les injustices en un instant, comme une baguette magique. Mais peu à peu, millimètre par millimètre, les consciences individuelles et collectives peuvent changer et faire évoluer le monde. Lucy Stone[21] et Nelson Mandela font partie de ces personnes qui ont cru en leurs rêves et ont su diffuser et mettre en œuvre leurs idées. Malgré les contraintes, moqueries et persécutions, des changements qui semblaient impossibles, comme le droit de vote des femmes ou la fin de l'apartheid en Afrique du Sud, font désormais partie de notre réalité.

Face au problème de l'épuisement des ressources et des dangers climatiques, des personnalités émergent et nous entraînent : espérons que l'humanité pourra déployer la même énergie et la même créativité. Et comme nous le verrons notamment dans le chapitre 2, plus l'adversité est grande, plus ce qui pourra nous sauver, c'est la solidarité, et non l'égoïsme ou le chacun pour soi.

Prendre soin de la vie, c'est finalement mener une démarche écologique au sens large du terme : c'est prendre soin de soi dans une démarche de connaissance de soi, donc d'écologie intérieure ; c'est

21. Féministe et abolitionniste américaine (1818-1893), première femme du Massachusetts à obtenir un diplôme universitaire et première femme américaine à conserver son nom de naissance après son mariage.

prendre soin des autres dans un élan de compréhension, de générosité et de justice sociale, comme attitude d'écologie sociale et relationnelle, sans oublier, bien évidemment, notre maison commune et tous ses habitants ; c'est se laisser toucher, choisir de vivre relié et laisser la beauté de la vie nous traverser, nous inspirer et nous guider.

2

LA SOLIDARITÉ DU VIVANT

GAUTHIER CHAPELLE

GAUTHIER CHAPELLE EST INGÉNIEUR AGRONOME ET DOCTEUR EN BIOLOGIE. IL S'IMPLIQUE DANS LA SENSIBILISATION AU CHANGEMENT CLIMATIQUE, AU BIOMIMÉTISME ET À L'EFFONDREMENT DE NOTRE CIVILISATION.

Dans notre culture urbaine, patriarcale et capitaliste, ce que l'on appelle couramment « la loi de la jungle » est synonyme de compétition et de lutte acharnée pour la survie. Nous la baptiserons ici « la première loi de la jungle », non parce qu'elle est la plus importante, mais parce qu'il s'agit de la première que nous ayons apprise, voire de la seule qui résonne en général dans nos esprits ou dans nos cœurs : celle de la prédation et de la compétition.

L'autre loi de la nature

Ces principes de prédation et de compétition sont devenus un tel mantra de notre société que nous avons voulu, avec Pablo Servigne[22], les analyser et les déconstruire. Pour cela, nous les avons confrontés à la réalité de la nature dont ils prétendent s'inspirer et puiser leur légitimité. Et nous avons découvert que, d'un point de vue scientifique, on observe beaucoup de mécanismes autres que ceux de la compétition et de la prédation.

- Le premier exemple est celui d'un petit calamar qui, comme de nombreux autres animaux marins, est capable de produire de la lumière (c'est ce qu'on appelle la « bioluminescence »). Ce qui est moins connu, c'est que dans la majorité des cas ces animaux ne génèrent pas la lumière eux-mêmes, mais délèguent ce rôle à des bactéries. Les bactéries sont mes petites chéries depuis que j'ai conscience de leur omniprésence et de leur importance pour la santé des communautés vivantes : toutes les espèces multicellulaires – champignons, plantes et animaux – collaborent avec des bactéries. Ne serait-ce qu'à ce niveau, l'entraide est déjà extrêmement répandue.

22. Porte-drapeau en France de la « collapsologie », c'est-à-dire l'étude de l'effondrement de la société industrielle et de ce qui pourrait lui succéder. Il est par ailleurs le coauteur du best-seller *Comment tout peut s'effondrer*, Le Seuil, 2015.

- Un deuxième exemple, mieux connu, est celui de la pollinisation. Nous connaissons tous ces échanges qui s'opèrent entre les insectes, les chauves-souris, les oiseaux, etc., d'une part, et les fleurs d'autre part. Ces dernières ont besoin de ces animaux pour assurer leur pollinisation, tandis qu'elles produisent du nectar pour nourrir tous ceux qui leur rendent ce service indispensable à la reproduction. Ce que l'on sait peut-être moins, c'est que, lorsque la pollinisation est apparue dans l'évolution, on a assisté à une véritable explosion du nombre d'espèces de fleurs et d'insectes.
- Le troisième exemple, tout aussi incontournable que la pollinisation, est celui de la relation symbiotique entre les plantes et les champignons. Ils travaillent en association au niveau des racines, et ce, quasiment depuis l'époque où les plantes sont sorties de l'eau. Si l'on observe un petit pin qui a germé il y a quelques semaines, on aperçoit, en jaune, ses racines et, en blanc, le réseau de champignons, les mycorhizes, qui récoltent pour lui l'eau et les sels minéraux en échange des sucres que le pin en tant que plante est le seul à pouvoir fabriquer.

Cette symbiose est extrêmement répandue, elle concerne près de 90 % des espèces de plantes. Lorsque nous nous félicitons tous les jours de pouvoir respirer grâce aux plantes, nous respirons en fait grâce à l'association entre les plantes et les champignons.

Plus récemment, la chercheuse canadienne Suzanne Simard a montré qu'ensemble les arbres et les champignons avaient inventé les allocations familiales et la Sécurité sociale. Par un mécanisme de redistribution, un même réseau de champignons est connecté à des arbres qui lui livrent des sucres et les redistribue aux arbres les plus jeunes (allocations familiales) ou à ceux d'autres espèces plus faibles dans les conditions du moment (Sécurité sociale).

Cette nouvelle compréhension nous donne évidemment une tout autre vision de la loi de la jungle puisque cette « loi de la forêt » conduit les arbres et les champignons à agir à l'inverse du principe de compétition : assurer sa santé en veillant sur celle des autres, ou l'efficacité du « prendre soin ». Et tout cela, cerise sur le gâteau, sans conseil d'administration ni ministère de la Santé.

La compétition n'est pas le seul mode de relation entre les espèces

Les relations entre espèces sont donc bien plus variées et complexes que ce qu'on veut bien nous faire entendre. Cela nous amène à revisiter le tableau complet tel qu'utilisé par les biologistes du monde entier.

« A » et « B » sont deux espèces qui vivent l'une à côté de l'autre, et nous allons qualifier leur relation au fur et à mesure.

- Une relation positive pour les deux espèces s'appelle « **symbiose** » : c'est une collaboration. L'un des exemples classiques est celui du poisson-clown et de l'anémone de mer. Le poisson habite l'anémone qui le protège. C'est même une symbiose triple, puisqu'il y a également des algues unicellulaires qui donnent cette couleur verte à l'anémone et qui, elles aussi, la nourrissent.
- Une relation moins connue, qui est positive pour une espèce et neutre pour l'autre, est le « **commensalisme** ». Cela nous concerne tous au quotidien. En effet, nous hébergeons des acariens sur notre peau. Or, à supposer que nous en soyons conscients, cela n'occasionne ni agrément ni désagrément pour nous. En revanche, pour les acariens, c'est le gîte et le couvert assurés en permanence. Merci pour eux !
- Il y a aussi la relation neutre-neutre que l'on appelle la « **coexistence** ». Mais les biologistes ont l'habitude de dire que, quand deux espèces vivent l'une à côté de l'autre et qu'il ne se passe rien, c'est qu'ils ont mal regardé.

- En ce qui concerne la relation positive pour l'un et négative pour l'autre, il en existe deux types : la **prédation**, comme un chat qui attrape une souris ; et le **parasitisme**, où celui qui bénéficie de l'autre est le plus petit, comme les tiques ou les puces par rapport aux mammifères ou aux oiseaux qu'elles… parasitent.
- Enfin, il existe une relation négative pour tous : la **compétition**. Comme celle qui existe par exemple entre les hyènes et les lions dans les grandes plaines africaines. C'est par définition une relation qui coûte aux deux espèces, parce qu'elle impose d'injecter une énergie supplémentaire pour conquérir une ressource ou un territoire. Au point que l'on puisse parfois mourir d'avoir investi trop d'énergie dans cette lutte.

La solidarité au sein d'une même espèce

Au sein même des espèces, on constate très vite qu'ici encore l'entraide se trouve partout. L'exemple des insectes sociaux est particulièrement représentatif : certaines fourmis sont en effet capables, parmi une kyrielle de comportements collaboratifs, de s'associer pour former un pont ou un « radeau de survie » afin de flotter à la surface de l'eau lors des inondations. C'est d'ailleurs au cours de sa thèse sur les fourmis que Pablo Servigne s'est intéressé au sujet de l'entraide.

Un autre exemple instructif est celui des manchots empereurs, qui vivent et se reproduisent dans des conditions extrêmes et très particulières. Couvant leurs œufs sous de violentes tempêtes pendant l'hiver antarctique, ils se trouvent dans une situation de collaboration « obligatoire ». S'ils fonctionnaient sur le mode de la compétition, ils garderaient leurs distances et seraient gelés en quelques minutes. Au lieu de quoi, ils ont adopté le principe de réciprocité : chacun se poste à tour de rôle en périphérie pour servir de rempart au froid et protéger les autres, puis vient se réchauffer au centre du groupe tandis que d'autres prennent le relais.

Les humains, une espèce ultra-sociale

J'en arrive à une autre espèce qui, contre toute attente et à l'inverse de ce que prétendent les discours dominants, est très douée dans ses comportements coopératifs : la nôtre. En effet, l'espèce humaine pratique l'entraide tout au long de la journée.

Dans un premier temps, et pendant l'essentiel de l'histoire de l'humanité, c'est-à-dire à peu près trois cent mille ans, la coopération se jouait au sein de petits groupes. Mais la spécificité de notre espèce, qui pousse les biologistes à nous considérer comme une espèce ultra-sociale, est qu'au fil du temps notre organisation sociale nous a permis de développer des processus de collaboration à des échelles complètement inédites, entre des personnes qui ne sont pas directement apparentées, contrairement aux fourmis.

Imaginez que nous rentrions dans le métro en mode compétitif : vous sortez de chez vous le matin avec votre hache sur le dos et, à grands moulinets, vous faites de la place pour monter à bord en vous livrant à un véritable carnage. Pourquoi cela ne se passe-t-il pas comme ça ? Parce que nous sommes une espèce très collaborative et parce que nous connaissons les bénéfices de la réciprocité indirecte : si je suis sympathique avec telle personne, telle autre sera sympathique avec moi plus tard, et mieux vaut rester sur ce mode-là afin que tout se passe bien pour tout le monde.

Un autre exemple très différent, bien que je ne sois pas un fanatique de l'objet, est celui du téléphone portable : personne n'est capable d'en fabriquer un tout seul. Il y a des dizaines de milliers de personnes impliquées. Et si l'on y ajoute tous les programmes, les applications, etc., on peut parler de centaines de milliers de personnes. Pour le meilleur ou pour le pire, cela démontre notre aptitude à déployer notre capacité de collaboration à une très large échelle.

Tout cela est très profondément ancré en nous parce que nous sommes, à la naissance, extrêmement vulnérables. Quelques mois avant la naissance, cette vulnérabilité affecte la mère, puis, à la naissance, le bébé, et enfin, dans les mois qui suivent, le binôme mère-enfant. Dans l'histoire de l'humanité, cette fragilité a très vite nécessité le soutien et l'entraide de toute la tribu, comme l'exprime le célèbre proverbe africain : « Il faut tout un village pour élever un enfant. » De même, un bébé sait dès la naissance ce qu'il doit faire pour déclencher des comportements pro-sociaux de protection, qu'il pourra plus tard rendre à son tour.

Les trois points à retenir sur la solidarité du vivant

- Première conclusion : **même si la prédation et la compétition n'ont pas disparu, l'entraide est présente partout** et depuis la nuit des temps et chez toutes les espèces, y compris la nôtre.
- Deuxième conclusion : **cette entraide peut prendre des formes extrêmement variées,** immenses ou minuscules, entre les espèces comme dans les troupeaux mixtes de buffles et de gnous, ou au sein d'une même espèce comme les fourmis, les manchots, les humains et bien d'autres.

- La troisième conclusion rejoint une réflexion de Darwin qui a été mal comprise. Il parle de la survie non pas du plus fort mais du plus apte : **le plus apte peut aussi être celui qui est le meilleur pour collaborer. Dans cette perspective, celui qui survit le mieux peut aussi être le plus coopératif.** C'est un grand principe que la biologie est en train de revisiter complètement depuis quelques années.

Les conditions difficiles renforcent la coopération

J'en arrive à un autre enseignement extrêmement important qui nous a surpris lorsque nous avons commencé à approfondir le sujet : lors d'une expérience menée dans les montagnes Rocheuses, des botanistes ont constaté que, si nous étions dans le bas de la vallée, là où les conditions sont optimales, il y avait une compétition entre les pins et les sapins. Ainsi, lorsqu'on retirait les pins, les sapins se portaient mieux et vice versa. Jusque-là, cela ne surprenait personne.

Mais lorsqu'ils ont observé ce qu'il en était plus haut, ils se sont rendu compte que le rapport s'inversait : quand les conditions deviennent difficiles, quand il y a moins de nutriments et qu'il fait plus froid, les sapins et les pins poussent mieux ensemble, et si l'on retire une espèce, l'autre espèce s'épanouit moins bien. Dans ce contexte difficile, les deux espèces s'apportent très clairement un bénéfice réciproque.

Tout se passe comme si les conditions difficiles favorisaient la coopération, voire la renforçaient.

Un second exemple peut être trouvé chez les levures, qui sont des champignons unicellulaires et ne correspondent donc pas vraiment à l'idée première que l'on se fait de l'intelligence. Et pourtant, les levures adoptent le même type de comportement.

Une expérience brillante a ainsi mis en présence deux levures dont chacune avait été modifiée pour ne plus être capable de produire un nutriment qui lui était nécessaire. Dans un premier temps, les chercheurs ont saturé le milieu de ces deux nutriments. Ne souffrant donc pas de leur handicap, elles sont entrées dans une lutte compétitive féroce, jusqu'à ce que l'une d'elles prenne le dessus.

Ensuite, les chercheurs ont progressivement fait diminuer le niveau des deux nutriments. La coopération a alors commencé à se mettre en place, puisque chacune pouvait recevoir de l'autre le nutriment qui lui manquait. Au final, la coopération est devenue absolument obligatoire et la population des deux espèces s'est stabilisée. Mais pour être tout à fait franc, à la fin de l'expérience, ils ont réduit encore davantage la dose de nutriments et tout le monde est mort… Il y a donc, malgré tout, des limites !

La bonne nouvelle, c'est que les plantes et les levures ne sont pas les seules concernées : les humains aussi. Attentats, tsunamis, tremblements de terre : dans toutes ces situations dramatiques, ce que l'on constate, et qui est confirmé par les sociologues des catastrophes, c'est que l'état de panique est rarissime et que le comportement le plus fréquent, c'est l'entraide, voire l'altruisme. En effet, plus on est proche du cœur de la catastrophe, plus l'altruisme s'accroît. Lors de recherches et d'expérimentations scientifiques, des jeux ont mis en évidence que, lorsque les hommes doivent réagir très rapidement à une situation de pénurie, ils privilégient plutôt l'entraide. En revanche, si on leur donne le temps de réfléchir, ils s'orientent davantage vers des comportements égoïstes.

Tout cela démontre à quel point nous sommes câblés pour réagir instinctivement sur le mode de l'entraide. Reste à savoir ce qui l'emportera à court et à long terme.

C'est l'ensemble de ces observations qui nous a amenés à un quatrième constat, celui qui nous a encore plus incités à écrire notre livre sur « l'autre loi de la jungle » : un milieu hostile fait émerger l'entraide.

Plus on est proche
du cœur de la
catastrophe,
plus l’altruisme
s’accroît.

Quatrième conclusion sur la solidarité du vivant : un milieu hostile fait émerger l'entraide

J'aimerais assortir cette conclusion, dans le contexte sociétal actuel, d'une compréhension un peu plus fine de ce qui peut entretenir et encourager l'entraide dans un groupe humain. Les trois ingrédients indispensables sont :

- le sentiment de sécurité ;
- le sentiment d'égalité ou d'équité ;
- le sentiment de confiance.

Inutile de souligner que la société actuelle n'est pas favorable à l'émergence de ces sentiments encourageant l'entraide, en particulier le deuxième. Les inégalités de revenus, par exemple, se sont accrues de manière vertigineuse à partir des années 1980 et continuent d'augmenter chaque année. Si l'on veut que les citoyens s'entraident, il est donc urgent d'attirer l'attention des politiques sur les conditions de l'égalité et de l'équité, sans oublier la question de la sécurité et de la confiance, bien entendu.

Comment encourager l'entraide ?

À ces conditions préalables s'ajoutent des outils pour maintenir et favoriser la réciprocité de l'entraide, notamment en récompensant ce qu'on appelle les « comportements pro-sociaux », comportements que l'on observe également chez d'autres espèces animales. Or, notre civilisation, depuis plusieurs milliers d'années, a inventé le mode d'organisation qui est le moins favorable au déploiement de l'entraide : l'organisation hiérarchique pyramidale, secrétée par le patriarcat et les villes il y a quelques milliers d'années.

La hiérarchie pyramidale est le système le plus basique qui soit. En effet, comme me l'a récemment expliqué mon ami physicien Marc Halévy : « Si l'on prend un ensemble de points et que l'on cherche à les réunir par un nombre de liens minimal, on obtient une organisation hiérarchique pyramidale. Ce mode d'organisation est donc le plus bête et le plus simple. » Il n'en est pas moins efficace dans un contexte de stabilité, comme on le voit dans les grandes entreprises, les administrations, etc. Mais ce système, qui a fait prospérer l'humanité pendant longtemps, devient inefficace dans un contexte plus perturbé : sa simplicité le perturbe dans les situations de complexité, car il n'y a justement pas assez de liens, et de redondance dans les liens.

Par ailleurs, plus ces organisations grandissent en

taille et en importance, plus elles risquent l'extinction, tout en encourageant le chacun pour soi.

Bref, on peut pratiquer l'entraide dans une organisation hiérarchique pyramidale, mais ce n'est vraiment pas l'endroit le plus propice pour cela. Heureusement, il existe d'autres modes d'organisation, s'inspirant d'ailleurs des réseaux de champignons, pour favoriser l'entraide[23].

L'entraide dans un contexte d'effondrement

Depuis plusieurs années, nous avons basculé sur un autre axe de travail : la question de l'effondrement éventuel, possible ou probable de notre civilisation thermo-industrielle. À l'instar de beaucoup de nos contemporains, nous avons le sentiment que nous allons entrer dans une période difficile, une période de « tempêtes ». Or, si l'on observe l'espèce humaine, elle est très douée pour gérer les pénuries. On constate également que cette fois-ci, pour y parvenir, elle va devoir effectuer un « changement de récit ». En effet, c'est parce que nous vivons dans une extraordinaire abondance que nous pouvons nous permettre autant de compétition. Dès

23. Voir par exemple le remarquable travail de Fédéric Laloux dans Reinventing organizations.

que les ressources diminuent, le mode compétitif devient vraiment risqué. D'ailleurs, ce n'est pas un hasard si les gens qui prônent le plus la compétition aujourd'hui sont des gens qui ne risquent jamais leur vie, ni leurs moyens de subsistance.

À l'inverse, comme le résume bien le slogan de la simplicité volontaire[24] « Moins de biens, plus de liens », qui nous invite à « prendre soin », les pénuries génèrent ou favorisent la coopération. Or, nous sommes une espèce foncièrement coopérative. Dès lors, quand les tempêtes surviendront, appuyons-nous sur cette coopération et, avant que les tempêtes ne se lèvent, recréons tous les liens qui nous font du bien et qui nous sont nécessaires, que ce soit avec nous-mêmes, nos proches, d'autres humains, les autres qu'humains et la Terre entière.

Il y a deux lois principales de la jungle : compétition et entraide. À nous de choisir celle dans laquelle nous nous sentons le mieux et celle à laquelle nous voulons accorder le plus d'importance dans nos vies.

Pour les enfants
Les collines escarpées, les pentes des statistiques
sont là devant nous
Montée abrupte de tout,
qui s'élève, s'élève, alors que tous nous nous enfonçons

---

24. La simplicité volontaire est un mode de vie consistant à réduire volontairement sa consommation, ainsi que les impacts de cette dernière.

On dit
Qu'au siècle prochain
Ou encore à celui d'après
Il y aura des vallées, des pâturages
Où nous pourrons nous rassembler en paix
Si on y arrive.
Pour franchir ces crêtes futures
Un mot à vous,
À vous et vos enfants et vos petits-enfants :
Restez ensemble, apprenez les fleurs
Allez léger

GARY SNYDER

TROIS INSPIRATIONS

Un événement qui m'a incité à prendre soin des êtres humains

En 1993, j'ai rejoint des dizaines de volontaires européens dans un village de Croatie coupé en deux par la guerre, afin de participer à sa reconstruction, et plus encore, au retissage des liens entre les factions serbes et croates séparées par la ligne de cessez-le-feu. Ce qui m'a frappé, en rencontrant les habitants de Pakrac, c'est que, pour eux, les petits et grands tracas de la vie (problèmes de couple, d'enfants, de travail, etc.) ne s'étaient pas arrêtés avec la guerre. C'était même le contraire : devoir les gérer tout en essayant de traverser le trauma de la guerre, civile qui plus est, leur avait demandé et leur demandait une énergie et une confiance en l'avenir énormes…, qui les abandonnaient régulièrement ! Mais quel courage et quelle résilience !

Un moment décisif qui m'a conduit à prendre soin des autres espèces animales

Adolescent, j'allais chaque année dans un petit coin de Bretagne où notre famille avait vécu une année. C'est là que ma passion de naturaliste m'est « tombée » dessus. En 1984, quand nous sommes arrivés, nous avons trouvé tout au long des plages une quinzaine d'oiseaux morts, mazoutés à la suite d'un dégazage (nettoyage sauvage des soutes d'un pétrolier) : guillemots, fous de bassan, macareux, etc. J'étais révolté, triste et en colère contre cette société – la nôtre – qui secrétait la mort dans son sillage. Cela fait partie de ce qui m'a mis en mouvement pour réapprendre à « voir » les autres espèces, à leur rendre la place qu'elles n'auraient jamais dû cesser d'avoir sur la Terre, et dans nos vies...

Un lieu naturel qui m'inspire pour prendre soin du vivant

Pendant une quinzaine d'années, j'ai eu l'immense chance de pouvoir travailler en Antarctique en tant que biologiste. Une expérience qui m'a transformé pour toujours. D'abord parce que je ne peux rien imaginer de plus beau que l'Antarctique, ses icebergs, ses jeux de lumière dans la glace, et sa faune, spectaculaire et si facile à approcher. Mais aussi parce que, tout aussi éloigné et inaccessible qu'il puisse paraître, l'Antarctique, depuis qu'il a été découvert, a lui aussi souffert de la chasse à la baleine ou à l'otarie, de la surpêche et, plus récemment, de l'invasion des plastiques ou du changement climatique. Une démonstration de plus, mais vécue dans ma chair, de l'interdépendance radicale de tout le vivant sur Terre.

3

AVANCER ENSEMBLE DANS LA GRANDE SANTÉ

ALEXANDRE JOLLIEN

ALEXANDRE JOLLIEN EST PHILOSOPHE. IL A PASSÉ LES DIX-HUIT PREMIÈRES ANNÉES DE SA VIE DANS UN INSTITUT POUR PERSONNES AVEC HANDICAP.

Prendre soin de la vie, c'est nourrir une infinie tendresse envers l'autre (à savoir tous les êtres vivants), sans oublier son corps et son être. Il s'agit aussi d'accueillir le tragique de l'existence. On pourrait résumer d'une formule cet immense défi : « De ton âme, de ton corps et de l'autre, tu prendras grand soin. »

Prendre soin de soi sans s'enfermer sur soi

Le soin de l'âme peut prendre différentes formes : la méditation, la prière… Il est tant de voies qui ouvrent à une intériorité. Touchant à la spiritualité, nous avançons toujours, me semble-t-il, sur un chemin de crête. Souvent, je croyais ne pas *réussir* à méditer. Mais y a-t-il quelque chose à réussir ? Or, au moment même où je pensais perdre les pédales, un progrès s'accomplissait, malgré moi.

J'ai longtemps cru, à tort, que la méditation procédait d'un retrait, qu'il s'agissait de s'éloigner du monde, de se réfugier dans un paisible cocon et de contempler ses pensées avec des volutes d'encens, si possible fenêtres ouvertes… Un peu comme l'empereur romain Tibère, qui, alors que Rome est en train de s'effondrer, se retire dans l'île de Capri pour se livrer à une débauche totale.

Mais oser un chemin spirituel, ce n'est pas être heureux seul dans son coin ni s'enfermer dans un bunker, installé dans une bulle confortable. C'est précisément prendre soin de soi tout en faisant peu de cas de sa petite personne. Singulier paradoxe !

La méditation nous aide à prendre conscience de l'univers, de l'autre, y compris de celles et ceux que nous pouvons considérer comme des ennemis.

Il s'agit de prendre soin du souffle et du dharma. Méditer, c'est garder à l'esprit, constamment, le dharma.

Lorsqu'on demanda au maître tibétain Chögyam Trungpa, qui buvait beaucoup, ce qui le distinguait d'un ivrogne, sa réponse fut décapante : la conscience. Ce guide nous rappelle que l'on s'égare si l'on médite dans l'espoir d'aller mieux. Notre tâche, c'est de tout mettre en œuvre pour vivre au-delà des illusions, pour nous extraire de tout bunker spirituel.

Dans sa correspondance, Nietzsche raconte qu'il éprouvait à certaines heures de sa vie une telle souffrance qu'il tenta par la suite de retrouver l'intensité que lui donnait la peine. Pourquoi est-on à ce point empêtré dans les causes de la souffrance ?

Le premier livre du philosophe allemand porte sur la naissance de la tragédie. Il y propose deux figures d'un grand secours : le dieu Apollon, dieu de la forme, de l'ordre, et Dionysos, divinité de l'ivresse, de l'extase et de la sortie de l'individualité. Ne pourrions-nous pas nous demander de prime abord, de ces dieux symboliques, tutélaires, lequel imprègne le plus profondément notre être ?

Suis-je claquemuré dans un rôle ? La notion de moi a-t-elle beaucoup d'importance ? Le malheur veut que plus nous sommes accrochés au petit personnage que nous jouons, qui va tôt ou tard disparaître, plus nous morflons. Or, la souffrance nous réduit, nous condamne à l'individualité et vice versa.

Prendre soin de la vie, c'est donc se dégager des frontières étriquées de son égo. L'individualisme est, par nature, quelque chose qui fait souffrir. Il oblige à se définir par opposition à l'autre. Chercher la paix dans un cadre si restreint, c'est assurément être mal barré. Ce n'est certes pas en se limitant aux bornes de son moi que l'on prend vraiment soin de la vie, mais, au contraire, en cultivant l'interdépendance, la solidarité, qui, loin d'être un concept mièvre, contient une force et une puissance insoupçonnées.

Guérir de l'idée de guérir

Comment trouver le repos, la joie, la paix dans un corps méprisé, haï ? Comment considérer le corps comme un ami ? avec ses pulsions, ses désirs, ses hauts, ses bas, ses saisons ?

Avec le handicap, j'ai eu tendance à m'éloigner du corps dégringolant dans une espèce de platonisme mal compris qui considère la chair comme une prison. Le sage Padampa Sangyé nous invite,

Prendre soin
de la vie,
c'est se dégager
des frontières
étriquées de son égo.
L'individualisme fait
souffrir.

au contraire, à voir dans notre corps un instrument, un véhicule vers l'éveil. Ni un boulet ni une idole, ni un poids ni un dieu, il constitue le terreau de la vie spirituelle.

À une période de ma vie où ma santé déclinait, j'ai poussé la porte du ballet Béjart pour demander de l'aide : « J'aimerais bien apprendre à danser », ai-je dit. Pour ma plus grande joie, je fus accueilli à bras ouverts. Dans la danse, comme en méditation, il n'y a guère de pose ni de posture, au sens spirituel du terme. Il ne sert à rien de faire le beau, quand il s'agit juste d'être à fond, sans retenue. Pendant tout le cours, le professeur me disait : « Où vois-tu un handicap ? Tu n'es pas handicapé. Tu as deux jambes, tu peux être tout à fait gracieux et même très élégant. »

À peine sorti du cours, j'étais convaincu : je n'étais pas handicapé et je sentais ce corps sans que de lourdes étiquettes pèsent. Il était dix heures du matin et je me rappelle avoir croisé un groupe d'adolescents. Parmi eux, une fille s'est écriée : « C'est qui ce type complètement bourré à dix heures du matin ? »

Un des immenses chantiers de l'existence, c'est à coup sûr à se libérer du qu'en-dira-t-on. Un ami croque-mort m'aide sur ce chemin. Récemment, il m'a parlé de la disparition soudaine d'une jeune fille de 20 ans. Elle servait dans un restaurant quand tout à coup, victime d'une crise cardiaque, elle perdit la vie. Comment, face au tragique et à la précarité de notre vie, dilapider une existence dans la méchanceté, l'aigreur, le ressentiment, le manque d'amour et de joie ?

Honnêtement, en contemplant le miracle qu'est la vie, à quoi ça tient, comment se prendre au sérieux ?

Exercice spirituel

Avec Spinoza, pourquoi ne pas se demander :
« Qu'est-ce qui me réjouit véritablement ? »
Il peut y avoir un gouffre entre ce à quoi j'aspire profondément et ce après quoi je cours du matin au soir. Tant que l'on n'a pas interrogé nos désirs profonds, comment atteindre à une satisfaction ?
Toute la philosophie antique invite à la sculpture de soi.
Le bonheur procède de l'abandon plus que de la conquête.

Un jour, je jouais avec mon fils. Nous courions l'un après l'autre, quand il m'a lancé une phrase qui, depuis, me sert de mantra : « Papa, rigole pas, on joue ! » Voilà qui rappelle le constat de saint Augustin, qui, dans les *Confessions*, dit que les jeux des enfants, on les nomme « jeux » ; les jeux des grands, on les nomme « affaires ». Qu'est-ce qui est vraiment sérieux dans une vie ? À quoi sommes-nous affairés à longueur de journée ?

La grande santé

Chögyam Trungpa et Nietzsche, que je considère comme des maîtres, passent pour des êtres assez tourmentés. Le premier souffrait d'alcoolisme, le second a fini par perdre la raison. Il me plaît que des êtres cabossés puissent nous apprendre la paix. Voilà qui nous réconcilie profondément avec la vie, ses hauts et ses bas.

Le Gai Savoir de Nietzsche résonne comme une invitation à aimer la réalité telle qu'elle se propose, avec joie et lucidité, sans nier la souffrance, le tragique de l'existence et les innombrables injustices qui pèsent sur l'humanité. Suivre le père du *Zarathoustra,* c'est comprendre la nécessité d'assumer les contradictions et les drames, mais aussi nous ouvrir à cette joie que l'on peut connaître même dans un monde incertain et précaire. C'est aussi nourrir une sagesse qui résiste à toute aigreur.

Dans ce merveilleux ouvrage, Nietzsche présente le concept de *grande santé*, qui me plaît à plus d'un titre. Tandis que la *bonne santé* met pas mal de monde sur la touche, la *grande santé* consiste à faire *avec* les troubles et les maladies. La peine, les épreuves, le handicap et les faiblesses n'interdisent pas d'être bien portant, au fond du fond, comme dit notre philosophe.

Exercice spirituel

Sans tarder, nous pourrions nous demander, à cet instant précis, quelle est notre état de santé, ici et maintenant, avec toutes les lourdeurs, les obstacles mais aussi les ressources qui sont les nôtres ?

Voici trois ans, je rejoignai avec toute ma famille la Corée du Sud pour m'initier à la méditation. Je suis parti avec beaucoup de blessures et une flopée de complexes. Je suis revenu trois ans plus tard, avec beaucoup de blessures et une flopée de complexes...

La vie est peut-être sans remède, mais ce n'est pas forcément grave, catastrophique. « La vie, c'est sans espoir », martèle Chögyam Trungpa. Et, en effet, il n'est peut-être pas de remède à l'existence, ni de solution à ses aspects tragiques. Dès lors, je trouve apaisante l'invitation à « guérir de l'idée de guérir ». Comment ? Précisément, en s'appuyant sur le réel, en prenant grand soin de soi, des autres, de la vie.

La policlinique de l'amour inconditionnel

Prendre soin de l'autre, c'est abandonner peu à peu le « je » pour lui préférer le « nous ». En coréen, du reste, on ne dit pas « *ma* femme », mais « *notre* femme », comme on dit « *notre* maison ». Tonique invitation à quitter les frontières étriquées d'un moi épuisant.

La tendresse, la non-violence et la compassion en action (*karuna*) constituent à mes yeux la puissante réponse aux maux, et notamment à l'égoïsme. Il s'agit de se déprendre totalement du fameux « moi je », de ne plus distinguer massivement l'autre de soi-même. Ne plus se regarder donner pour n'être que pur don, voilà le grand défi ! Dans la pitié ou dans une générosité de façade peut résider une forme de violence, et j'en sais quelque chose…

Un proverbe africain dit très justement : « La main qui donne est toujours plus haute que celle qui reçoit. » Et Simone Weil d'écrire : « Chaque chose crie pour être lue autrement. »

Quotidiennement, nous réduisons tout, soi et les autres, à des étiquettes. La compassion nous demande une conversion, une sorte de mort à soi-même qui débouche sur la joie. Rien de triste ici. Une petite goutte d'eau devient l'océan.

Le tragique de l'existence peut être fécond. Nietzsche l'atteste : « Il faut encore porter un chaos en soi pour accoucher d'une étoile qui danse. » Quand je suis rentré de Corée, je croyais être nickel, tout nettoyé, propre, « clean » à l'intérieur. J'entretenais alors des relations amicales avec un Coréen. Nous communiquions régulièrement par Skype. Un jour, il m'a appelé tandis qu'il prenait sa douche et l'enfer de la dépendance a commencé. À l'autre bout de l'écran, je voyais ce que je rêvais d'être, d'avoir, de posséder : un corps sans handicap, une stature magnifique, une aisance, une légèreté devant la vie.

Je ne souhaite à personne de connaître un tel esclavage : chaque jour s'apparentait à une lutte acharnée pour ne pas me jeter sous un train.

Schopenhauer affirmait que, d'un point de vue esthétique, l'humanité ressemble à une « taverne d'ivrognes » ; sous l'angle de la morale, à un « repaire de brigands » ; et sur le plan intellectuel, à un « asile d'aliénés ». Je préfère pour ma part envisager la relation aux autres comme une énorme policlinique où l'on s'entraide, s'épaule, se donne des coups de main.

Grâce à des amis qui m'ont prêté main-forte, je me suis sorti de ces cinq mois d'enfer. Aujourd'hui, je rêve d'une « policlinique », d'un endroit où l'on peut débarquer en urgence, avec tout son être, et bénéficier d'un regard totalement dénué de jugement. Souvent, nous jugeons l'autre par peur, l'enfermant dans une armoire à concepts, cherchant vainement à nous rassurer. Comment déraciner cette tenace propension à juger l'autre plutôt qu'à le comprendre ?

Ce qui m'a soigné, ce qui soigne la vie, au fond, c'est l'amour inconditionnel et le non-jugement absolu. Avec reconnaissance, je me souviens de tous ces « policliniciens », à commencer par ma femme et l'amour inconditionnel qu'elle incarne. Chacun, nous pouvons devenir des policliniciens et prêter main-forte à celles et ceux qui se débattent dans la peine.

L'attitude du garagiste ou le non-jugement

« Quand tu rencontres quelqu'un, souviens-toi qu'il mène un rude combat », nous conseille Philon d'Alexandrie. Invitation qui rejoint la merveilleuse intuition de Swâmi Prajnânpad : « L'amour consiste à aider l'autre à relâcher ses tensions. »

Mais comment, dans la rencontre avec l'autre, tout mettre en œuvre pour l'aider véritablement à relâcher ses tensions physiques, spirituelles et psychologiques ? Comment tout mettre en œuvre afin qu'il puisse tendre à l'« éveil » plutôt que de lui mettre bêtement le grappin dessus et l'instrumentaliser ?

Il n'y a guère de blessures honteuses et chacun se débrouille comme il peut. L'essentiel, c'est que la blessure n'occupe pas le centre d'une existence, qu'elle ne règne pas en maître sur notre quotidien. Loin des envolées lyriques, si on commençait par là : aider l'autre à relâcher ses tensions.

Pour avancer, Chögyam Trungpa conseille d'adopter une posture de garagiste. Quand on lui confie une voiture complètement bousillée, un mécanicien ne juge pas, ne pose pas de jugement moral sur le chauffeur. Il ne se dit pas : « Qu'est-ce qui t'a pris ? Pourquoi as-tu balancé ta bagnole contre un mur ? » Il sort les outils et répare les dégâts patiemment, pièce après pièce.

Matthieu Ricard est en quelque sorte un « carrossier de banlieue ». Sa sérénité, son calme, sa voix inébranlables m'ont, plus d'une fois, fourni la preuve qu'en ce bas monde existaient une stabilité à toute épreuve et un non-jugement absolu. À l'image du carrossier, il ne juge pas, s'efforçant de comprendre et de prendre soin. Voilà qui rappelle Spinoza : « Ne pas railler, ne pas pleurer, ne pas détester mais comprendre. »

Parmi les nombreux cadeaux que Matthieu m'a offerts, le plus précieux est certainement la confiance. Chögyam Trungpa distinguait deux sortes de confiance. D'une part, l'espérance que nous allons trouver quelque part un gilet de sauvetage, une bouée… D'autre part, celle qui consiste à faire l'expérience que nous flottons.

Nous sommes des « progressants »

Nous avons beau faire tous les efforts, certaines blessures, certains traumatismes demeurent et semblent mettre en échec la meilleure volonté du monde. Oser une vie comme dans une policlinique, c'est faire l'expérience que nos faux pas peuvent aussi nous conduire à une certaine forme de liberté. Je ne suis pas fier de ma « période Skype », mais je crois que cette étape, cette zone de turbulences m'a aussi conduit vers le détachement.

« Pour devenir sage, écrivait Nietzsche dans *Humain, trop humain*, il faut *vouloir* vivre certaines expériences, donc se jeter dans la gueule des événements. Il est vrai que c'est très dangereux ; bien des "sages" y ont été dévorés. » Ce qui nous conduit véritablement vers la sagesse, vers l'amour pur, peut nous décaper. Et l'amour inconditionnel, le non-jugement absolu, l'expérience que sans cesse nous sommes des progressants, des apprenants, voilà qui nous met en route !

Exercice spirituel

On rapporte que Sénèque se demandait, le soir venu, de quoi il s'était libéré ce jour-là. Et nous, en quoi pouvons-nous progresser ? Comment pouvons-nous inscrire notre vie dans une dynamique ?

TROIS INSPIRATIONS

Un événement qui m'a incité à prendre soin des êtres humains

Il est chaque jour mille occasions de savourer les fruits de l'interdépendance qui unit les êtres, la nature. Lorsque j'ai débarqué en Corée du Sud, perdu dans Séoul, je me souviens qu'un parfait inconnu m'a donné la main, m'a raccompagné à la maison, consacrant son après-midi à me ramener à bon port. Cette aide généreuse, gratuite, sans pourquoi, a retenti comme un appel. Depuis lors, je n'ai plus regardé un étranger de la même façon. Faire l'expérience d'être l'étranger m'a beaucoup aidé. Nous sommes tous citoyens de la même maison, tous coéquipiers.

Un moment décisif qui m'a conduit à prendre soin des autres espèces animales

C'est la souffrance d'un petit oiseau tombé de son nid qui a frappé à la porte de mon cœur endurci. Je me promenais avec un ami lorsque j'ai aperçu un petit moineau tombé d'une tour. Le voir crier au milieu du trottoir, promis à une mort certaine, m'a montré, si besoin était, que nous étions tous reliés, que chaque être vivant aspirait à sortir de la souffrance et à goûter au bonheur. Malheureusement, cet élan vers l'autre, quel qu'il soit, qui qu'il soit, peut facilement être enseveli sous la routine, les exigences du quotidien, les nécessités, les tracas du jour. D'où la nécessité d'une extrême vigilance. Levinas disait que rencontrer l'autre, c'est être tenu en éveil par une énigme. Combien d'énigmes merveilleuses recèle le vivant ?

Un lieu naturel qui m'inspire pour prendre soin du vivant

Le sentiment de partager une commune maison avec les êtres humains, les êtres vivants, me rappelle quotidiennement l'urgence de se connecter à la nature, de respecter la vie sous toutes ses formes. Il y a aussi beaucoup de reconnaissance qui m'habite lorsque je vois le corps guérir, cicatriser, redémarrer, après un coup du sort, un petit bobo ou une grande maladie… Se déconnecter du lien à la nature, à l'autre, à soi, c'est s'assécher, mourir avant l'heure, perdre de sa sève et de sa fécondité.

4

PRENDRE SOIN DE SON ESPRIT : DU CERVEAU À LA CONSCIENCE

STEVEN LAUREYS

STEVEN LAUREYS EST NEUROLOGUE, MONDIALEMENT RECONNU POUR SES TRAVAUX SUR LA NEUROLOGIE DE LA CONSCIENCE ET LE COMA.

« Comment ça va ? » est une question à laquelle on répond souvent de façon automatique. Il s'agit d'une simple formule de politesse à laquelle nous ne prêtons pas attention alors que c'est notre santé qu'elle engage, rien de moins. En tant que médecin, je passe beaucoup de temps à prendre soin de personnes malades, gravement blessées, qui sont dans le coma ou dans d'autres états limites.

Nous, les soignants, sommes aux premières loges pour saisir l'importance et l'incroyable chance d'être vivants. C'est pourquoi il me semble tout aussi essentiel de prendre soin de sa propre conscience. Pendant mes études de médecine et de neurologie, je n'ai rien appris au sujet de la méditation de pleine conscience. À cette époque (j'ai été diplômé en 1993), on en parlait peu. Je me rappelle qu'au début des années 2000, juste après la soutenance de ma thèse de doctorat, un journaliste m'avait interpellé sur le sujet de la *mindfulness* (ou pleine conscience). Je m'étais renseigné, mais je n'avais pas été convaincu par les quelques études scientifiques publiées. Depuis, mon avis a totalement changé et j'aimerais partager avec vous une partie de mon histoire personnelle, quelques-unes des nombreuses études neuroscientifiques et certaines applications en médecine.

Une découverte d'abord intime

En 2012, j'ai traversé une épreuve difficile : je me suis retrouvé seul avec mes trois enfants. On connaît tous des moments d'orage dans notre vie auxquels on essaie de faire face. Pour ma part, au cœur de la tempête, j'ai eu recours à diverses stratégies d'évitement : la cigarette, l'alcool, les somnifères, les antidépresseurs prescrits par le psychiatre. Mes pensées tournaient en boucle et je n'arrivais pas à prendre de la distance.

C'est à travers une enseignante de yoga que le changement est venu. Sans aucun jugement, elle m'a fait prendre conscience de l'importance du souffle, de la respiration.

Ensuite, j'ai rencontré Matthieu Ricard, en novembre 2013, à l'occasion d'un colloque où j'intervenais au sujet de la conscience et du coma. Matthieu nous a parlé de méditation. Nous avons ensuite beaucoup discuté et il m'a invité à venir à la première retraite organisée par Mind & Life Europe. De mon côté, je l'ai invité à venir nous servir de cobaye au laboratoire à Liège.

Depuis cette rencontre, beaucoup de choses ont changé dans ma vie. Je me suis mis à pratiquer la méditation et je m'intéresse aux effets de cette dernière sur le cerveau. Je me suis remarié et j'ai été de nouveau papa.

Je suis un méditant amateur, j'essaie de méditer quand et comme je le peux – et je vous invite à faire de même.

Matthieu Ricard me dit souvent que ce n'est pas possible de ne pas trouver vingt minutes par jour pour méditer. Quand je lui dis que ce n'est pas évident – je suis papa de quatre enfants, je consulte comme neurologue au CHU de Liège, je dirige une équipe de chercheurs à l'université –, il me répond : « Si tu n'as pas le temps pour vingt minutes, alors il faut méditer quarante minutes ! »

Au quotidien, je pratique dès que possible une forme de méditation informelle : dans le train, à pied ou à vélo, avec mon fils sur le trajet de la crèche, dans mon bureau entre deux patients. J'utilise ma respiration pour me reconnecter et revenir à l'ici et maintenant. Je ne pense pas qu'il soit nécessaire d'adopter la position du lotus ou de se plier comme un origami ; cela, je le fais seulement quand il y a un maître bouddhiste.

Mais mon expérience, aussi modeste soit-elle, nos études scientifiques sur le cerveau de Matthieu et les nombreuses études cliniques contrôlées que j'ai lues (pour la préparation de mon livre[25]) sur les effets de cette dernière sur notre santé m'ont radicalement fait changer d'avis et ont levé mes réticences.

Je dois avouer que je regrette d'avoir découvert la méditation si tard alors que je suis chercheur dans le domaine de la conscience. Mais maintenant que je l'expérimente, je la conseille et la prescris à de nombreux patients.

---

25. *La Méditation, c'est bon pour le cerveau*, Odile Jacob, 2019.

Les effets de la méditation sur le cerveau d'un méditant

Matthieu Ricard n'est pas seulement moine bouddhiste, activiste et photographe de talent, c'est aussi un scientifique qui collabore avec de nombreux chercheurs à travers le monde pour mieux comprendre les effets de la méditation sur le cerveau humain. Parce qu'il s'est exercé à la méditation pendant des milliers d'heures, nous avons testé de nombreuses hypothèses et avons même réalisé une impression 3D de son cerveau.

Quand on se rend à la salle de sport, certains muscles s'épaississent en fonction des exercices pratiqués, cela se voit à l'œil nu. On ne va pas comparer le cerveau à un muscle, mais il est clair qu'un entraînement de l'esprit par la méditation provoque des changements que l'on peut mesurer objectivement.

Plusieurs constats nous sont apparus en étudiant le cerveau de Matthieu : tout d'abord, la zone correspondant à son amygdale, à son cortex préfrontal et à l'insula (régions du cerveau qui jouent un rôle important dans la compassion) est très « musclée », comparée à la plupart des personnes de son âge (70 ans). Il en va de même de son hippocampe, impliqué dans la mémoire, et du cortex cingulaire antérieur, impliqué dans les processus de l'attention. Les structures changent parce que les connexions changent. Pour que le cerveau fonctionne, il doit être bien connecté. L'image obtenue par ordinateur figure une sorte d'arbre, avec ses milliers de milliards de connexions, un peu comme de grandes autoroutes.

La méditation a aussi un effet sur la manière dont les différents réseaux interagissent. Méditer nous protège également du processus de vieillissement. À 85 ans, un cerveau a perdu 10 % de sa masse. Des études montrent que l'on peut retarder le processus d'environ dix ans. Avec un EEG (électroencéphalogramme) comptant des centaines d'électrodes, nous avons mesuré la communication fonctionnelle entre les parties du cerveau. Plus il y a de fils, plus il y a de connexions. Et plus c'est rouge, plus il y a d'activité. On ne peut donc pas dire que la méditation signifie « ne penser à rien » ou « faire le vide ».

Les bénéfices de la méditation pour la santé mentale

La méditation a un effet avéré sur le bien-être ; elle est un complément aux médicaments en cas de dépression, d'anxiété, de douleur chronique. Dans ces cas, son effet est comparable à celui des

Méditer nous
protège également
du processus
de vieillissement.
À 85 ans,
un cerveau a perdu
10 % de sa masse.
Des études montrent
que l'on peut
retarder le processus
d'environ dix ans.

médicaments. Elle n'est du reste pas la seule alternative : dans un autre registre, la pratique du sport rivalise aussi parfois avec les effets de certains médicaments, notamment en ce qui concerne la dépression. Les bénéfices de la méditation sont aussi avérés dans la prévention des rechutes dépressives.

Les bénéfices de la méditation face au vieillissement

Des études montrent également les effets de la méditation sur nos chromosomes. Dans une cellule, on observe le noyau et, à l'intérieur, les fameux chromosomes. Nous voyons l'ADN, notre matériel génétique. De petits capuchons protègent ces chromosomes. Quand on rumine, que l'on est stressé, ces capuchons, appelés « télomères », s'amenuisent. Et l'on observe alors que l'espérance de vie diminue.

La méditation étant particulièrement efficace dans la prévention du stress, elle permet donc d'éviter que les télomères ne se raccourcissent et possède un effet protecteur sur nos chromosomes. Cela est extraordinaire et doit se savoir. Cela étant dit, je ne crois pas que la méditation soit une alternative à d'autres traitements. Elle est complémentaire, et je suis heureux que les médicaments existent pour d'innombrables pathologies.

L’intelligence artificielle peut-elle nous aider à mieux prendre soin du vivant ?

Dialogue entre Steven Laureys et Matthieu Ricard

Steven Laureys : Dans mon service, nous recourons à des machines permettant de réaliser des images du cerveau, et à des ordinateurs très puissants pour analyser les données recueillies. Le cerveau et ses milliards de connexions sont d’une telle complexité que nous avons du mal à les appréhender. Ces machines nous permettent de mieux interpréter les images et donc de mieux prendre soin des humains qui nous sont confiés, même si nous veillons à ne pas perdre notre humanité en tant que soignants. Cette situation particulière m’amène à réfléchir aux relations entre l’homme et la machine et à la manière dont cette relation pourrait être amenée à évoluer dans le monde de demain. Notre défi majeur n’est pas tant d’opposer l’homme à la machine que de mieux penser les termes de leur association. Car jamais les machines ne deviendront des humains. À charge maintenant pour les humains de ne pas devenir des robots.

Matthieu Ricard : Le transhumanisme, l’intelligence artificielle ou le Big Data, pour ne citer que ces notions, posent un certain nombre de questions éthiques, sans même parler des défis technologiques soulevés. En ce qui concerne l'intelligence artificielle, un génie des échecs, Garry Kasparov, et un du jeu de go, Ke Jie, ont tous deux été battus par des machines et leurs algorithmes. Mais il est évident que cette intelligence artificielle n'est pas un être. Cela ne lui fait ni chaud ni froid de perdre et elle ne sait même pas qu'elle gagne ou qu'elle perd. Elle est simplement programmée pour effectuer des calculs, on lui a donné des règles et un programme d'auto-apprentissage lui permet de gagner. Dans ce domaine, les machines nous dépassent déjà. Nous risquons de nous heurter à l'avenir à une différenciation de plus en plus grande entre conscience et intelligence.

L'intelligence, c'est la faculté de calculer, de raisonner, de déduire, d'engranger de l'information, que les hommes et les machines partagent, mais qui ne permet pas à ces dernières de faire l'expérience des choses. La conscience n'est pas un ensemble d'algorithmes. Prenons l'exemple d'un méditant qui repose son esprit des pensées qui vagabondent et qui va au cœur de l'expérience – ce que les phénoménologues appellent « l'expérience comme un fait premier » : c'est un état de lucidité et de clarté parfait, libéré de toute construction mentale, une façon d'être à l'état pur. Cette expérience « optimale » n'a strictement rien à avoir avec le moindre algorithme.

Steven Laureys : Nous vivons dans un monde de plus en plus digitalisé, et l'humain a en effet déjà perdu de nombreux combats contre l'intelligence artificielle. À quoi ressemblera le futur de nos enfants, eux qui fournissent beaucoup d'efforts pour apprendre et retenir des informations à l'école alors que via Google, notamment, l'ordinateur fait beaucoup plus et beaucoup plus vite qu'eux ?

Au-delà de cette inquiétude fréquente, je pense que cette prétendue « intelligence artificielle » est bel et bien… artificielle. Dans le cadre du Human Brain Project – un grand projet de financement européen dont le but est de modéliser le cerveau humain sur ordinateur – mené au sein de notre centre de recherche, le GIGA Consciousness, nous avons la chance de travailler avec des ordinateurs remarquables permettant notamment de modéliser la conscience humaine. Les enfants d'aujourd'hui grandissent dans un monde dans lequel le rôle de ce genre de machines, de ces « super-ordinateurs », va devenir de plus en plus important. Je me réjouis de cette situation et suis heureux que ces outils de pointe me permettent d'aider encore mieux les personnes. Mais cela pose aussi des questions, naturellement. Pour s'en convaincre, il suffit de penser aux tests et questions que l'on pose habituellement sur Internet pour vérifier si l'on a affaire à un ordinateur ou à un être humain. « Si vous n'êtes pas un robot, cochez cette case », « Dis-moi, parmi ces photos, où se trouve le chat ». Aussi incroyable que cela puisse paraître, on a besoin d'ordinateurs vraiment intelligents pour faire la différence entre un chat et une salade ! Et si l'on poursuit avec une autre question, l'ordinateur va être complètement perdu là où n'importe quel enfant pourrait facilement s'adapter. De même, imaginons que l'on pose à un ordinateur les grandes questions de la vie : « Qu'est-ce que la vie ? À quoi sert l'amour ? » Il répondra : « Je ne connais pas la fonction », alors qu'un humain essaiera de trouver une réponse, ou du moins il s'interrogera.

Dans notre centre de recherche, nous collaborons notamment avec Toyota, qui ne produit pas seulement des voitures, mais aussi des « super-robots ». Le dernier modèle développé par l'entreprise est un robot basketteur, doté d'une intelligence artificielle, de caméras, d'un bras articulé, de doigts, et qui est conçu pour mettre la balle dans le panier. C'est très ennuyeux à regarder parce qu'il ne rate jamais : panier après panier, la balle rentre à chaque fois. Un enfant pourrait s'entraîner autant qu'il veut, jamais il ne pourrait le battre. Mais la différence, c'est que lorsque l'enfant est en train d'apprendre ce sport, comme tout apprentissage d'ailleurs, il prend des décisions, découvre les aléas de la motivation, expérimente la frustration et la déception quand il échoue, et le plaisir quand il réussit. Sa conscience se construit au fil de ces expériences. Le robot, lui, n'éprouve rien. Il n'y a que dans les films qu'une conscience existe chez les robots dotés d'une intelligence artificielle. Le cerveau humain n'a rien à voir avec les ordinateurs. Ces derniers sont constitués d'algorithmes programmés par l'homme qui leur permettent de réaliser très vite les mêmes opérations. Un cerveau, en revanche, vit, et son fonctionnement n'a rien à voir avec le monde binaire, noir et blanc, des ordinateurs. Le cerveau, ce n'est pas juste « cinquante nuances de gris », c'est toutes les couleurs de l'arc-en-ciel !

S'il existe des experts qui comprennent les super-ordinateurs – à commencer par ceux qui les ont construits et programmés –, face au cerveau humain, à l'esprit, aux perceptions, aux émotions et aux pensées, nous ne pouvons que nous émerveiller tant notre ignorance est grande. Et je suis bien placé pour apprécier notre ignorance dans ce domaine : c'est le domaine de recherche de mon équipe.

Matthieu Ricard : Dans le domaine médical, la question de la supériorité des machines se pose aussi. On l'observe notamment dans le cadre de programmes de diagnostic de maladies complexes. Lors d'un test effectué à Harvard et au Japon, un groupe de dix spécialistes posait un diagnostic correct dans 50 % des cas, alors que l'intelligence artificielle tombait juste dans 80 % des cas, ayant accès à toutes les bases de données disponibles dans le monde.

Si cet exemple met en lumière ce que la technologie permet de positif, notamment pour soigner, l'idée que l'intelligence artificielle va faire de nous de meilleurs êtres humains n'en est pas moins complètement folle. En effet, ce ne sont pas les mêmes critères qui sont en jeu. L'idée d'améliorer certaines de nos capacités pour nous rendre plus beaux, plus performants, pose surtout de solides questions éthiques. Comment savoir si les enfants chez qui on est intervenu génétiquement pour les transformer en super-humains ne nous demanderont pas des comptes : « Pourquoi ne m'avez-vous pas laissé vivre ma vie ? » Et que diront ceux qui n'ont pas été reconfigurés ? Le transhumanisme ne vise pas seulement à guérir des maladies ou à permettre à chacun d'avoir des chances égales à la naissance – ce qui pourrait sembler souhaitable. Son objectif est d'« améliorer » l'espèce humaine en augmentant ses capacités de calcul, de prévision, de prise de décisions, sans lui permettre pour autant d'être dotée de plus de bienveillance ou de mieux se préoccuper du sort de l'humanité.

Certains n'hésitent pas à parler de « la mort de la mort », idée selon laquelle, grâce aux progrès techniques et scientifiques, nous pourrions bientôt vivre mille ans. Ce fantasme revient à ignorer la nature même de la réalité, selon laquelle deux phénomènes ne peuvent rester identiques à eux-mêmes pendant deux instants consécutifs. L'impermanence est au cœur de tous les phénomènes. Si l'on vivait des centaines d'années, on ne pourrait pas avoir d'enfants, parce qu'on ne saurait simplement plus où les mettre. On ne pourrait mourir que par le suicide, le meurtre ou l'accident. Or un projet de vie, la qualité de vie, sa beauté, le fait qu'elle nous soit si précieuse, tout cela provient du fait qu'elle est éphémère.

J'adore rester assis devant mon ermitage, mais je ne suis pas tout à fait sûr que cela me procurerait autant de plaisir si je devais y demeurer mille ans. Vivre une belle vie, c'est s'émerveiller d'un sourire d'enfant, de la rosée du matin, de la valeur de chaque instant qui passe et du fait que ces instants sont comptés et que nous sommes tenus de les utiliser de la meilleure façon possible. Comme le dit Woody Allen : « L'éternité, c'est très long, surtout vers la fin ! » Nous avons tous envie de vivre plus longtemps, de ne pas souffrir d'une mort prématurée. S'il se révèle exact qu'à l'avenir 80 % des gens ne seront pas employables, qu'allons-nous donc faire de notre existence ? Passer notre vie à jouer aux jeux vidéo ou essayer de devenir de meilleurs êtres humains ?

Steven Laureys : Je suis tout à fait d'accord. Il ne s'agit pas tellement d'ajouter plus d'années à la vie mais plus de vie aux années. Concernant le rôle de ces nouvelles technologies qui parfois nous font peur, j'aimerais insister sur leur apport en matière de qualité de vie. Je suis très heureux que certaines machines permettent aujourd'hui à certains sourds d'entendre de nouveau. La pose d'implants cochléaires est devenue une intervention de routine chez nous. Bientôt, les implants au niveau de la rétine permettront à certains aveugles de retrouver la vue. Dans notre laboratoire, nous travaillons avec des interfaces « cerveau-ordinateur » pour aider des personnes paralysées à réapprendre à contrôler leurs membres pour marcher. Tout cela me semble très bien, car il s'agit de réparer ce qui est blessé, ce qui est malade.

En revanche, on peut se demander s'il serait souhaitable de vouloir nous transformer en superhumains 2.0. D'ailleurs, en quoi cela consisterait-il ? La prise d'antidépresseurs peut être salvatrice en cas de maladie, mais pas pour être heureux, comme on a pu l'observer avec tous les utilisateurs non déprimés qui ont pris du Prozac aux États-Unis pour devenir « super-heureux ».

Matthieu Ricard : C'est aussi dû au fait qu'un état de sérénité et de plénitude naît au terme d'un long processus de transformation. C'est un apprentissage impliquant l'expérience de hauts et de bas, de difficultés que l'on apprend à surmonter pour atteindre une forme de sagesse. Ce processus lent et complexe est à mille lieues d'un état de pure béatitude que l'on vivrait subitement sans comprendre le pourquoi et le comment, les facteurs qui le favorisent…

Steven Laureys : Tout à fait. De même, je pense que l'intelligence « artificielle » est comme son nom l'indique un artifice. Les ordinateurs sont créés par l'homme, ce sont des artefacts. Et puis cette intelligence est aussi fausse que les bonheurs trop immédiats, un peu comme les sourires de certains de nos politiciens : artificiels. J'ai eu l'occasion d'entendre il y a quelques années chez des collaborateurs de Toyota un robot qui jouait du violon. La prestation était plutôt intéressante, mais ce n'était pas « vrai », le robot ne savait pas ce qu'il était en train de faire, il n'appréciait pas l'expérience comme un être humain qui décide d'apprendre la musique.

Matthieu Ricard : Certains programmes d'intelligence artificielle jouent Bach et ça ne sonne pas si mal. Des néophytes pourraient avoir du mal à distinguer ce qui est joué par une machine ou un humain. Mais, évidemment, le programme ne sait pas qu'il joue Bach. La joie de jouer, de partager et d'entendre de la musique, les sentiments que cela provoque en nous – un sentiment d'élévation, d'apaisement, d'ouverture –, l'ordinateur ne partage rien de tout cela avec nous. Or, ce qui caractérise un être vivant, c'est aussi l'expérience de ce vaste espace dans lequel se déploie une immense beauté.

TROIS INSPIRATIONS

Un événement qui m'a incité à prendre soin des êtres humains

Je ne résume pas ce choix de vie à un événement en particulier, mais j'ai toujours su que je voulais devenir médecin et prendre soin des autres, cela a toujours été une réelle passion. Cet intérêt a été entretenu et alimenté par une curiosité pour le monde qui nous entoure. Si je n'avais pas été médecin, je serais très probablement devenu physicien, à la conquête de la connaissance de notre univers. Pour en revenir à l'humain, comprendre notre fonctionnement était pour moi une source intarissable de questionnement, de recherche et d'étonnement. Cela m'a également permis de me comprendre moi-même en tant que partie de ce tout, de cette nature qui nous entoure. Il y a évidemment des patients qui m'ont marqué et qui m'ont fait évoluer, qui m'ont amené à voir les choses différemment.

Un moment décisif qui m'a conduit à prendre soin des autres espèces animales

C'est mon fils Hugo, un exemple en matière d'éthique animale, qui m'a clairement amené à porter un autre regard sur les espèces animales et sur ma consommation alimentaire.

Quand il était adolescent, il a vu des documentaires sur les conditions de vie des animaux élevés pour l'industrie alimentaire et cela l'a particulièrement marqué : il a décidé d'arrêter de consommer de la viande. Pourtant, nous adapter à la cuisine végétarienne n'a pas été aussi simple que prévu. Hugo a donc été contraint de manger à nouveau de la viande. À la même époque, nous avons eu le plaisir d'héberger Matthieu Ricard à la maison. Un soir, il a eu une conversation avec mon fils qui l'a conforté dans sa décision. Et j'ai moi-même été convaincu de l'importance de s'occuper des animaux avec respect et bienveillance.

C'est une belle démonstration de la force d'inspiration que peuvent transmettre certains jeunes aux autres générations. On observe d'ailleurs cette même force tous les jeudis dans les rues, où des milliers d'étudiants manifestent pour changer les mentalités et les habitudes autour d'eux afin de rétablir une justice climatique.

Un lieu naturel qui m'inspire pour prendre soin du vivant

Je suis toujours frappé par la beauté de la nature, même du bout de notre jardin. Il n'est pas nécessaire d'aller loin pour s'émerveiller. Et pourtant, notre attitude vis-à-vis de cette nature dont nous faisons partie est irresponsable. Tous les dimanches, nous allons marcher en famille au pied des Ardennes belges. Chaque fois, j'y prends conscience de l'ampleur des dégradations que nous imposons à la nature : déchets qui jonchent le sol, bruit des moteurs qui couvrent les chants des oiseaux, odeurs des gaz d'échappement qui s'immiscent dans la forêt. Comment se connecter à la nature malgré la tendance globale depuis la révolution industrielle à la maîtrise et à la dévastation ? Comment puis-je agir pour ne pas encourager cette perspective ? Nous devons aujourd'hui apprendre à nous reconnecter à l'animal que nous sommes sur cette Terre pour vivre en harmonie avec elle.

A contrario, le Canada illustre bien le respect de la nature. Grâce à ma femme, qui est originaire de ce pays, nous avons souvent eu l'occasion de nous promener dans les réserves naturelles qui y sont nombreuses. Il est par ailleurs fascinant de redécouvrir ces anciennes philosophies animistes qui ne considèrent pas que la Terre nous appartient, mais qu'il faut en prendre soin pour la léguer en bonne santé aux générations futures.

5

LA VIE SPIRITUELLE

MATTHIEU RICARD

MOINE BOUDDHISTE, PHOTOGRAPHE ET INTERPRÈTE DU DALAÏ-LAMA, MATTHIEU RICARD SOUTIENT DE NOMBREUX PROJETS HUMANITAIRES.

Prendre soin de sa vie spirituelle, c'est devenir un meilleur être humain. Autrement dit, il s'agit de conquérir sa liberté intérieure, d'approfondir sa sagesse et de magnifier son altruisme. Ainsi, nous actualisons pleinement le potentiel que nous offre la vie humaine. Et nous mettons nos qualités au service des autres.

Apprendre le discernement

Comme le dit Chögyam Trungpa, « la vie, c'est sans espoir », car le *samsara*, l'existence ordinaire conditionnée par l'égarement, n'est pas réparable. C'est comme un mur délabré que l'on essaierait de peindre en rose ou en bleu : de toute façon, il est prêt à s'écrouler. S'évertuer à lui donner un aspect extérieur attrayant est une vaine entreprise dont il faut se libérer. L'idée que l'on va réussir à bricoler une version plus satisfaisante du *samsara* en « réussissant » dans l'existence, par exemple, est un leurre qui ne peut conduire qu'au désenchantement.

Cette vision des choses est loin d'être désespérante ou nihiliste : dire que c'est « sans espoir » signifie simplement que la manière dont nous cherchons habituellement à être heureux ne fait que perpétuer nos souffrances. Il s'agit donc d'un problème de discernement : nous contredisons notre aspiration au bonheur par nos pensées, nos paroles et nos actes. Nous souhaitons désespérément ne pas souffrir, tout en renforçant notre addiction aux causes de la souffrance. Pourquoi ? Parce que nous plaçons nos espoirs et nos craintes en dehors de nous-mêmes, alors que le contrôle des conditions extérieures de notre vie est limité, éphémère et souvent illusoire. L'univers n'est pas un catalogue dans lequel nous pourrions commander tout ce qui est supposé satisfaire nos désirs – la richesse, le pouvoir, la renommée, la beauté physique, la jeunesse perpétuelle et des plaisirs sans fin. Il y a autant de chances pour que cela arrive que de gagner à la loterie.

Il ne s'agit pas pour autant de négliger ces conditions extérieures : nous devons tous œuvrer pour un monde meilleur et faire de notre mieux pour soulager les souffrances là où elles se trouvent. Ce dont nous devons nous garder cependant, c'est de sous-estimer les conditions intérieures de notre bonheur et d'abandonner notre esprit aux états mentaux afflictifs qui engendrent une insatisfaction chronique.

Repérer le piège de l'égo

Nous oscillons constamment entre l'espoir et la crainte : « Pourquoi moi ? Pourquoi pas moi ? Si j'ai ceci ou cela, je serai certainement heureux… S'il me manque telle ou telle chose, impossible d'être heureux… » Nous attribuons aux choses, aux circonstances et aux personnes des caractéristiques intrinsèques qui ne sont que des concepts surimposés au monde extérieur. Or, ce n'est jamais le cas, puisque toute perception du monde extérieur ne fait que cristalliser une interaction de notre conscience avec un vaste ensemble de causes et de circonstances.

La réification du monde commence par le sentiment d'un moi que nous imaginons siéger au cœur de notre être sous la forme d'une entité autonome. En nous accrochant à cette entité, nous créons un fossé entre « soi » et « autrui ». Cherchant à protéger ce « soi », nous sommes pris dans le jeu de l'attraction et de la répulsion vis-à-vis des choses et de ce qui favorise nos intérêts ou les menace. De là naissent l'animosité, l'attachement, le manque de discernement, l'orgueil et la jalousie.

Nous avons tendance à sous-estimer le pouvoir de notre esprit, lequel nous fait percevoir le monde de façons très différentes. Du matin au soir, il traduit les conditions extérieures en bien-être ou en mal-être. Il a le pouvoir d'éclipser les circonstances extérieures : ainsi, nous pouvons être misérables dans un petit paradis ou conserver notre force d'âme et notre joie de vivre dans des circonstances adverses et difficiles.

Prendre soin de sa vie spirituelle, c'est déjà reconnaître qu'il y a beaucoup à faire pour cultiver une manière d'être plus optimale, des qualités humaines qui peuvent être magnifiées par l'entraînement de l'esprit et par la façon dont nous menons notre existence – nos actions, nos paroles et nos pensées.

Il n'y a pas un seul conflit qui n'ait pris sa source dans l'esprit humain, pas une guerre qui n'ait commencé par une parole de haine qui s'est ensuite répandue comme une épidémie. De même, il n'y a pas un acte de réconciliation, d'amour ou de paix qui n'ait pris naissance dans le cœur et dans l'esprit de quelqu'un pour ensuite gagner celui des autres.

Méditer pour se familiariser avec notre esprit

Nous devons apprendre à nous familiariser avec une manière d'être dans laquelle les toxines mentales qui empoisonnent notre existence et celle des autres s'amenuisent peu à peu. Pour ce faire, nous pouvons mettre en place un dialogue intelligent avec nos émotions et nos états mentaux, de sorte que les pensées toxiques s'amenuisent jusqu'à ce que nous soyons affranchis de leur dictature.

La méditation ne consiste pas à bloquer les pensées. Ce serait là un combat perdu d'avance : comment pourrait-on bloquer des pensées qui sont déjà là ? Le problème n'est pas le fait que les pensées surgissent constamment en notre esprit, mais ce qu'il advient de ces pensées : vont-elles proliférer et envahir notre esprit, ou allons-nous au contraire les laisser traverser notre esprit, comme un oiseau qui passe dans le ciel sans laisser de traces ?

À chaque épisode de « libération des pensées », non seulement nous aurons évité de succomber à l'enchaînement fatidique qui mène à la souffrance, mais nous aurons aussi érodé la tendance même qui favorise l'émergence d'états mentaux afflictifs. Au fil du temps, nous jouirons ainsi d'une plus grande liberté vis-à-vis de nos automatismes mentaux et d'un meilleur équilibre émotionnel.

Prendre soin de la vie, cela commence avec les enfants et cela se transmet par l'éducation. C'est pourquoi l'association Karuna-Shechen, fondée par Matthieu Ricard, finance la construction d'écoles dans des régions isolées de l'Inde et du Népal.

SAMATA SHIKSHA NIKETAN
SAMATA

De même que nous avons forgé nos traits de caractère pensée après pensée, émotion après émotion, c'est en gérant mieux ces pensées que, peu à peu, nous pouvons changer non seulement l'expression de nos émotions et de nos humeurs, mais aussi celle de nos traits de caractère.

Reconnaître notre aspiration à la liberté intérieure

Prendre soin de sa vie spirituelle, c'est reconnaître qu'« au fond du fond », selon la formule d'Alexandre Jollien, nous souhaitons nous épanouir dans l'existence et préférons éviter la souffrance autant que possible, même si elle est inévitable. Pour cela, il faut donc commencer par identifier les conditions intérieures qui vont nous permettre de remédier aux causes des souffrances et qui sont liées au fonctionnement de notre propre esprit, qui peut être notre meilleur ami comme notre pire ennemi. C'est aussi reconnaître notre aspiration à une plus grande liberté intérieure.

Si nous sommes libres intérieurement, cela nous confère une grande force et une grande confiance : nous savons que, quelles que soient les circonstances, favorables ou adverses, nous disposons des ressources intérieures qui nous permettent de traverser les hauts et les bas de l'existence, à la manière d'un cavalier expert qui n'est pas désarçonné dès que le terrain devient difficile. La liberté intérieure se traduit également par un amenuisement du sentiment exacerbé de l'importance de soi, de notre asservissement à nos espoirs et nos craintes.

S'ouvrir au monde et à l'amour inconditionnel

À mesure que notre sentiment d'insécurité s'estompe, nous pouvons mieux nous tourner vers le monde et nous ouvrir à autrui, car nous ne sommes plus exclusivement focalisés sur nous-mêmes. C'est ainsi que peut naître une bienveillance universelle à l'égard de tous les êtres, semblable au soleil qui brille sur tous les êtres sans discrimination.

Certaines personnes pensent que l'amour inconditionnel est bien au-delà de nos capacités. Pourtant, il suffit pour cela de souhaiter du fond du cœur que tous les êtres puissent trouver le bonheur et ses causes et être libérés de la souffrance et de ses causes. Puis, avec cette attitude, de faire ce que nous pouvons, selon nos capacités, pour contribuer au bien d'autrui. Finalement, la bienveillance universelle consiste à n'exclure personne de notre cœur.

Une meilleure connaissance de notre nature profonde et du monde

La liberté intérieure va aussi de pair avec une connaissance plus directe de la nature première de notre conscience, cette faculté fondamentale de connaître qui sous-tend chaque pensée, émotion, sensation, mémoire, imagination, raisonnement, etc. Comme la lumière, qui permet de voir toute chose mais n'est pas modifiée par ce qu'elle éclaire, l'aspect fondamental de notre conscience n'est pas modifié par ce qu'il connaît. On comprend alors que tout ce qui se déploie dans l'univers du mental n'est que le résultat de causes, de conditions, de circonstances qui sont éphémères, et peuvent donc être transformées. Il n'y a rien qui soit gravé à jamais dans la pierre.

Cette liberté s'accompagne enfin d'une juste compréhension des choses. Bien qu'il nous apparaisse très solide et réel, le monde est impermanent et interdépendant. Les êtres eux aussi sont fondamentalement interdépendants. La poursuite d'un bonheur égoïste est vouée à l'échec, nous rendant la vie misérable ainsi qu'à ceux qui nous entourent. Qui plus est, cela ne fonctionne pas, car nous ne sommes pas des entités séparées qui pourraient construire leur bonheur chacune dans son coin. Nos joies et

Prendre soin
de sa vie spirituelle,
c’est devenir
un meilleur être
humain. Il s’agit
de conquérir
sa liberté intérieure,
d’approfondir sa
sagesse
et de magnifier
son altruisme.

nos souffrances surviennent et se construisent avec les autres et au travers des autres.

Dans les magasins de souvenirs, on trouve parfois des bols sur lesquels on a peint un prénom. Chacun cherche le sien. En fait, on devrait écrire, en petites lettres tout autour du bol : « les autres, les autres, les autres… » Le constat de cette interdépendance est le fondement même de l'altruisme et de la compassion. Si au plus profond de moi-même, je ne souhaite pas souffrir, il n'est pas très difficile de me transporter dans l'esprit de quelqu'un d'autre et de comprendre que, lui non plus, ne souhaite pas souffrir.

Prendre soin de la vie face à la maladie

« Ma sœur Ève a appris qu'elle était atteinte de la maladie de Parkinson à l'âge de 43 ans, ce qui est très inhabituel. C'est peut-être dû à des facteurs génétiques ou environnementaux (comme les pesticides notamment). Quoi qu'il en soit, elle a terminé sa carrière d'orthophoniste avec beaucoup de courage. Lorsqu'elle est trop fatiguée, elle dit simplement : "Mieux vaut ne pas venir nous voir aujourd'hui." Mais jamais je ne l'ai entendue dire un mot plus haut que l'autre. Pourtant, parfois, quand on va très mal, il arrive que l'on ait des sautes d'humeur. Pas elle. La manière dont elle déclare ne pas se laisser définir par sa maladie est très inspirante. Dans la vie, ce ne sont pas seulement les beaux discours qui nous inspirent, mais aussi les exemples de vies de personnes qui continuent à être de merveilleux êtres humains face à l'adversité. »

MATTHIEU RICARD

« Je ne parle pas de la maladie comme d'un malheur, mais je ne peux pas dire qu'elle n'est pas un malheur.
Ni justice ni injustice.
La maladie a fait de ma vie une vie bouleversée. Ce bouleversement ne m'a pas fait tomber, il m'a ouvert en grand le monde.
C'est l'histoire de l'année de mes 43 ans, où l'on m'apprend que j'ai une maladie évolutive, dégénérative, que la médecine ne sait pas la guérir et que les traitements n'accordent pas de vrai répit aux douleurs de ce corps qui ne répond plus.
Comment se représenter cet âge de la vie avec une maladie incurable ?
Pourtant, quelque chose en moi est allé grandissant.
C'est l'histoire d'un choc. D'une vie qui aurait pu être brisée et qui ne l'a pas été.
Le rappel de la fragilité de la vie est aussi celui de sa grandeur. On n'échappe pas à la douleur, seulement à la peur de la douleur.
C'est l'histoire d'un paradoxe, quand je dis que la maladie a été une chance en me donnant un autre éclairage sur ce qui est là, présent. La manière de percevoir et d'interpréter le monde peut transformer la qualité de chaque instant.

En ouvrant les portes du monde, on ouvre toujours plus grand. Regarder la beauté des univers : il n'y a que la vie pour aider la vie.
Ce qui est éprouvé est la force du désir.
C'est l'histoire d'un choix. Je sais que j'ai une maladie et pourtant je ne suis pas et ne serai jamais cette maladie. À un mot près tout change. Le choix des mots entre "être" et "avoir". "J'ai la maladie de Parkinson" et non "je suis parkinsonienne". Poser ces principes et s'y tenir. Voir ce qui arrive, ni en bien ni en mal. Comment vivre ? Vivre, c'est être vivant avec les autres. Rien ne vient que de nous. L'autre m'est nécessaire pour recevoir. Je suis nécessaire à l'autre pour qu'il donne.
Vivre, et que la maladie ne colle pas à la peau. Vivre et l'accepter dans ma peau. Vivre sans vouloir autrement. Vivre et voir autrement. Je suis allée à la recherche du sens. Comme dans les contes de Grimm. C'est par une épreuve que le héros vit une seconde naissance, où le bonheur se dépouille.
Une force inconnue a brisé en moi une serrure. Celle qui me séparait de l'émotion de vivre. Nous avons deux naissances à vivre : quand nous venons au monde et quand notre âme sent au cœur de la vie la profondeur de l'instant. Par la maladie, une part de moi-même est morte pour faire naître du vivant la part non malade. Si mon corps a une maladie, mon être reste intègre, mon esprit n'est pas malade. Ce qui en moi va bien est tellement plus fort que ce qui se déglingue. À un moment donné de ma

vie, le verbe “être” ne s’est plus conjugué qu’au présent. Je suis chaque jour à l’avant de mon bateau, surveillant les bancs de sable et les rochers. Je navigue vers un lieu inconnu, ignoré de toutes cartes. Je ne cherche pas de nouvelles terres, je cherche à traverser les tempêtes sans écueils, sans me perdre. Ce que l’esprit a de charnel ouvre la sensation d’une présence illimitée. Celle de l’unité du monde en moi. Dans cet espace, j’ai trouvé une liberté intérieure qui échappe à la maladie.
“Bonheur”, “joie”, “plénitude”, “sagesse”, ces mots ne peuvent pas avoir le même sens pour tous.
L’état d’urgence concentre ma vie dans un présent que je suis la seule à connaître. L’épreuve de la maladie m’oblige à redéfinir ma façon de voir et de penser le monde. J’ai dû me mettre à l’écoute de mon corps pour trouver les bonnes clés. J’ai fait de la maladie non une adversaire mais une énergie que je prends, une énergie que je retourne contre elle. Une énergie avec laquelle je danse, je ris, j’aime. De quel bonheur parle-t-on quand on vit avec une maladie que l’on ne sait pas guérir ? Quelles victoires sont encore possibles ? Le combat mené contre cette maladie n’est pas celui de la guérison. La victoire n’est pas celle du corps mais celle, intime et spirituelle, de l’Être. Chaque jour, une nouvelle lumière éclaire mon âme. Chaque jour, une force vient battre en moi qui me pousse à aimer, à désirer, à partager.
Le temps ne s’écoule plus en durée. Il œuvre en profondeur. Tout est là à chaque présent, c’est l’instant.

Je me suis sentie comme un arbre dont les feuilles tombent une à une, jusqu'à la dernière.
Mais cet arbre, sait-il que de nouveaux printemps viendront faire renaître la sève de la vie ? Aussi, quand la vie devient si fragile, on ne se pose pas la question du bonheur. Nous sommes tellement pleinement là, dans l'instant, que l'espace s'agrandit et va rejoindre tous les mondes, sans quoi être heureux n'aurait pas de sens.
Mon arbre aux feuilles perdues attend dans le froid de l'hiver que vienne le toucher un rayon de soleil. Le voilà sur lui. Cet instant est pleinement à lui. Sans avant ni après. Pour cela, il fallait du soleil. Il fallait du vent qui chasse les nuages. Il fallait que tous les fragments de vie se joignent les uns aux autres, les uns pour les autres.
La vraie maladie est celle de perdre le goût du monde.
Ainsi j'ai appris à recevoir le bonheur comme un instant divin. Laisser la maladie. Ouvrir tout l'espace.
Au début du chemin, il y a l'inconnu. Puis la question. Puis la construction d'idées. Avec elles se glisse la peur, car toute construction est soumise aux intempéries.
Quand vient l'expérience de la fragilité de notre condition, j'abandonne alors ce qui m'abandonne et m'ouvre au mystère. Je réalise et accepte la loi de cause à effet. Face à ce peu de liberté se développe celle immatérielle de l'esprit : là où se perd la peur de perdre.
La vie est pleine de l'instant. »

ÈVE RICARD

Il est possible de se libérer de la souffrance

Certains qualifient le bouddhisme de « philosophie de la souffrance ». C'est comme si on disait qu'un médecin est obnubilé par la maladie, sous prétexte que sa vocation est de diagnostiquer les pathologies et de les soigner. De la même façon, le bouddhisme vise à identifier les causes profondes de la souffrance et à y remédier. Comme le disait le dalaï-lama, s'il était impossible de soulager nos souffrances, mieux vaudrait y penser le moins possible, boire une bonne bière et aller à la plage. Sinon, on ne fait que rajouter à nos tourments en s'en inquiétant.

Pourtant, les différentes modalités de la souffrance ont des causes, par nature impermanentes, pour lesquelles il est possible de trouver des antidotes. Et il serait dommage de s'en priver, de négliger de les mettre en œuvre.

Il faut aussi comprendre que la souffrance n'est pas seulement une rage de dents, un deuil, la maladie ou la peur de la mort. La souffrance prend ses racines dans une distorsion fondamentale de la réalité, l'ignorance, qui consiste à prendre pour permanent ce qui est impermanent, à considérer comme une collection d'entités séparées ce qui est un réseau infini d'interdépendance et à s'imaginer qu'il existe un moi autonome et durable au sein du flot dynamique de notre expérience.

Plus libre pour être plus altruiste

En résumé, prendre soin de la vie, c'est aller au fond des choses et mieux comprendre la réalité telle qu'elle est, sans la déformer avec nos fabrications mentales. Le bonheur véritable n'est pas une succession de sensations plaisantes, mais une manière d'être. Le *soukha* du bouddhisme et l'*eudaemonia* des Grecs désignent un sentiment de plénitude, d'accomplissement et d'adéquation à la réalité.

Et le fait que la nature ultime de notre conscience soit cette « conscience pure » qui n'est pas déterminée par le contenu, lui-même constamment en train de changer, est le meilleur espoir de liberté intérieure. Si la haine, l'avidité, l'orgueil, la jalousie étaient profondément ancrés dans la texture même de notre conscience et de notre être, il serait bien sûr impossible de s'en libérer : ce serait détruire une partie ou la totalité de soi-même. Mais si ce ne sont que des constructions mentales éphémères qui surgissent au sein de cette présence éveillée, alors il est possible de nous défaire des automatismes mentaux, de ne plus être l'esclave de nos pensées et de jouir d'une véritable liberté intérieure.

Libres, nous sommes moins vulnérables et ne nourrissons plus le sentiment exacerbé de l'importance de soi qui a prédominé jusqu'alors. Nous devenons disponibles à l'égard d'autrui. C'est ainsi que l'on arrive au double accomplissement de son bonheur et de celui d'autrui. Accomplir le bien d'autrui joyeusement, spontanément, ce n'est jamais un sacrifice. C'est l'expression naturelle de la liberté intérieure.

Prendre soin de la vie spirituelle, c'est mettre en œuvre cette libération qui nous permet d'être entièrement disponibles pour soulager la souffrance des êtres. Un des plus beaux poèmes de Shântideva, que le dalaï-lama cite souvent, exprime parfaitement ce vœu altruiste :

Aussi longtemps que l'espace durera
Et aussi longtemps qu'il y aura des êtres,
Puissé-je moi aussi demeurer
Pour soulager la misère du monde.

SHÂNTIDEVA

TROIS INSPIRATIONS

Un événement qui m'a incité à prendre soin des êtres humains

Au milieu d'une région nomade du Tibet oriental, dans une tente, nous avons découvert une famille composée de trois femmes : la grand-mère, la mère et la fille de 13 ans. La mère, atteinte d'une tuberculose osseuse, était grabataire. Nous avons fait en sorte qu'elle soit traitée. L'année suivante nous l'avons retrouvée : elle était guérie, méconnaissable, toute souriante avec sa fille. Cet épisode et bien d'autres m'ont incité à poursuivre nos actions humanitaires avec mes amis de l'association Karuna-Shechen. Aujourd'hui, nous aidons 380 000 personnes au Tibet, en Inde et au Népal.

Un moment décisif qui m'a conduit à prendre soin des autres espèces animales

Lorsque j'étais enfant, l'une de mes grand-mères, qui avait toutes les qualités qu'on peut attendre d'une aïeule, m'emmenait parfois à la pêche à la ligne en compagnie de ses bonnes amies. Comment ces braves dames auraient-elles pu vouloir faire du mal à qui que ce soit ? Au bout de l'hameçon, les petits poissons frétillants qui sortaient de l'eau scintillaient dans la lumière. Un jour, une amie plus âgée que moi me demanda à brûle-pourpoint : « Comment ! tu pêches ? » Le ton de sa voix et son regard à la fois étonné et réprobateur étaient suffisamment éloquents.

Soudain, la scène m'apparut très différemment : le poisson tiré de son élément par un crochet de fer qui lui transperce la bouche, étouffant dans l'air comme nous nous noyons dans l'eau. Comment avais-je pu si longtemps détourner ma pensée de cette réalité, de ces souffrances ? Le cœur serré, je renonçai immédiatement à la pêche. Ce fut pour moi un premier déclic qui me fit comprendre qu'il est injuste et immoral d'infliger des souffrances inutiles à des êtres doués de sentience.

Un lieu naturel qui m'inspire pour prendre soin du vivant

J'ai vécu un demi-siècle dans l'Himalaya. J'ai vu au fil des ans les montagnes de ce lieu sublime devenir de plus en plus sombres à mesure que les neiges et les glaciers reculaient. Le « troisième pôle » – les milliers de glaciers de l'Himalaya et du plateau tibétain – fond encore plus vite que l'Arctique et l'Antarctique. Tout le monde le sait, tout le monde le constate, et pourtant si peu de décideurs politiques sont prêts à s'engager à la mesure de ce qui constitue le plus grand défi du XXIe siècle.

6

LA GRATITUDE POUR MIEUX PRENDRE SOIN DE LA VIE

REBECCA SHANKLAND

REBECCA SHANKLAND EST PSYCHOLOGUE, MAÎTRE DE CONFÉRENCES, RESPONSABLE DU DIPLÔME UNIVERSITAIRE DE PSYCHOLOGIE POSITIVE À L'UNIVERSITÉ GRENOBLE-ALPES. SES RECHERCHES PORTENT SUR LA GRATITUDE ET LA PLEINE CONSCIENCE.

Il y a quelque temps, une femme d'une cinquantaine d'années, Agnès, qui participait à des ateliers de psychologie positive[26], est venue me confier

26. La psychologie positive est l'étude des conditions et des déterminants du bien-être et des capacités d'adaptation des individus et des groupes.

une expérience qu'elle avait vécue en cultivant l'émotion de gratitude.

Une simple tasse de thé peut tout changer

Agnès apprécie particulièrement le thé vert. Elle aime en boire au cours de la journée et, ce matin-là, elle avait décidé d'essayer une pratique de gratitude proposée dans le cadre des ateliers de psychologie positive. Cette pratique consiste à considérer un objet et à remonter toute la chaîne humaine qui en est à l'origine. Agnès s'est mise à imaginer toutes les personnes qui se cachaient derrière sa tasse de thé matinale : celles qui cultivent la plante, celles qui la font sécher, celles qui la conditionnent et l'expédient en Occident, et enfin celles qui la vendent dans les lieux où elle aime humer le thé et en acheter quelques grammes. En visualisant cette vaste courroie de transmission humaine, elle a fait l'expérience d'un lien vivant avec toutes les personnes qui œuvraient discrètement à sa dégustation matinale. Elle a tout naturellement songé à la terre dans laquelle ces plantes enfouissaient leurs racines. Et c'est ainsi qu'elle a fait une expérience de gratitude : en reconnaissant, d'un élan serein, qu'elle était la bénéficiaire d'un cadeau qui venait de loin.

Cette pratique de quelques minutes était tout sauf insignifiante pour elle. Agnès raconte comment cela a transformé la façon dont elle achetait à présent son thé. Elle passait plus de temps à échanger avec les personnes, à s'y intéresser : elle les considérait, les remerciait. Il ne s'agissait pas du « merci » automatique que l'on peut s'entendre furtivement prononcer en quittant un magasin. Elle leur fit part des moments précieux qui lui étaient donnés chaque jour grâce aux saveurs du thé vert.

Mais cela ne s'est pas arrêté là. Quand Agnès préparait son thé, elle avait pour habitude de verser les feuilles dans la théière et, si une partie d'entre elles se répandait à côté, elle ramassait ce surplus et le jetait machinalement, comme on le fait avec les miettes après un repas. Désormais, elle n'arrivait plus à « simplement » jeter les feuilles de thé. Quand elle en voyait sur la table, elle les ramassait soigneusement et les remettait dans la boîte car, pour elle, ces feuilles étaient chargées de tous les efforts d'autres humains et remplies de tout ce que la nature apporte de meilleur aux hommes.

Cette petite histoire illustre comment l'expérience de la gratitude peut métamorphoser notre attitude envers les autres, qui peut devenir alors plus attentionnée, et changer nos comportements pour nous orienter davantage vers la protection de la nature.

Exercice de gratitude du matin, pour prendre soin de notre vie

Cet exercice consiste à explorer, dès le réveil, les éléments positifs que nous parvenons à identifier dans l'instant : se réveiller dans une chambre agréable, percevoir la luminosité dans la pièce, penser à une chose positive prévue au cours de la journée à venir... Cet exercice nous aide à prendre davantage conscience des spécificités de notre quotidien qui peuvent passer inaperçues une fois que nous nous y sommes habitués. Par exemple, au début, lorsque l'on achète un nouveau matelas ou que l'on emménage dans un nouvel appartement, l'on apprécie ses qualités, mais, au bout de quelques semaines, notre attention n'est plus attirée par ces particularités. Nous nous habituons rapidement au confort, à la propreté, à la décoration. Pratiquer un exercice d'attention le matin, c'est comme essayer une nouvelle paire de lunettes : cela nous aide à redécouvrir ce que nous ne voyons presque plus. Porter notre attention à ce que nous avons de précieux, aux proches que nous apprécions, nous encourage à nous y intéresser davantage et à en prendre soin.

Une émotion résolument bénéfique

La puissance de cette émotion de gratitude a été étudiée par de nombreux chercheurs au cours des dernières décennies. Ils ont ainsi pu mettre en évidence ses bienfaits, non seulement pour les individus envers lesquels on exprime sa gratitude, mais aussi pour la personne qui l'éprouve[27].

La gratitude ressentie entraîne des effets bénéfiques sur les trois dimensions de la santé telles que définies par l'Organisation mondiale de la santé : les dimensions physique, mentale et sociale.

- Les effets sur la santé physique se manifestent par une augmentation de la vitalité, une amélioration du fonctionnement immunitaire ou encore une réduction des troubles de l'endormissement lorsque l'on pratique un exercice de gratitude avant de se coucher.
- L'on observe également des effets positifs sur la santé mentale, avec une diminution des signes d'anxiété et de dépression, ainsi qu'une amélioration du sentiment de bien-être et de satisfaction par rapport à la vie.
- Comparativement aux autres émotions positives comme la joie ou la fierté, la gratitude entraîne

27. Pour une synthèse, voir Shankland, R., *Les Pouvoirs de la gratitude*, Odile Jacob, 2016.

davantage de bénéfices sur la qualité des relations, augmentant la disponibilité à l'autre, l'altruisme et la coopération.

Les effets bénéfiques de la gratitude sont donc multiples et peuvent survenir après de courtes pratiques visant à la cultiver. Dans une expérimentation réalisée par Robert Emmons et Michael McCullough, il était demandé à des étudiants de réaliser chaque soir un «journal de gratitude», c'est-à-dire d'écrire tous les soirs jusqu'à cinq choses qui suscitaient cette émotion. À un autre groupe d'étudiants, on a demandé de noter jusqu'à cinq tracas, et à un troisième groupe, cinq événements de leur choix. Au bout de deux semaines, ces chercheurs ont constaté que les étudiants qui avaient réalisé un journal de gratitude présentaient davantage de vitalité, de satisfaction par rapport à la vie, moins de symptômes anxieux et dépressifs, qu'ils étaient plus optimistes et se sentaient davantage reliés aux autres. De manière surprenante, ces effets étaient même maintenus six mois après l'expérience.

Tenir un journal de gratitude

Un exercice similaire peut être réalisé le soir, sous la forme d'un journal de gratitude. La proposition consiste à noter jusqu'à cinq choses, petites ou grandes, pour lesquelles nous éprouvons de la gratitude. Il peut s'agir d'événements simples de la journée, de difficultés que nous avons réussi à surmonter, de choses que nous avons eu plaisir à contempler. Le plus souvent, le soir, nous avons tendance à ressasser des événements difficiles de la journée, des tracas ou des préoccupations par rapport à l'avenir. Ces pensées tournent en boucle, augmentent l'anxiété et retardent l'endormissement. À l'inverse, en orientant volontairement l'attention vers les éléments satisfaisants de la journée et, plus encore, en repensant à ce qui génère en nous une émotion de gratitude, cela nous apaise et améliore la qualité du sommeil. Ce type d'exercice contribue ainsi à notre santé physique et mentale, de même qu'à la qualité de nos relations aux autres grâce à notre plus grande vitalité, mais aussi parce que la gratitude augmente le sentiment d'appartenance et de proximité relationnelle. Cela encourage alors la solidarité et la coopération.

La gratitude permet de mieux faire face aux situations

Certaines personnes éprouvent de la gratitude plus fréquemment et plus intensément que d'autres : elles ont fait le choix de porter leur attention sur les petites choses positives ou satisfaisantes du quotidien.

La capacité d'empathie permet également

d'augmenter la présence et l'intensité de l'émotion de gratitude, car nous prenons réellement la mesure des efforts et nous percevons l'intention positive d'autrui derrière son geste.

L'émotion que l'on éprouve en étant bénéficiaire d'un geste bienveillant est une émotion agréable qui entraîne de la joie et nous donne envie de la partager. La gratitude fait partie des émotions dites « positives » car, en plus de leur caractère plaisant, celles-ci ont le potentiel de nous aider à orienter nos comportements vers des actions constructives, c'est-à-dire bénéfiques pour soi, pour les autres et même pour l'environnement. Plusieurs chercheurs ont examiné ces effets afin de comprendre comment la gratitude pouvait influer ainsi sur nos comportements.

Barbara Fredrickson, une pionnière de la recherche dans le champ de la psychologie positive, a publié une synthèse des études démontrant que les émotions positives nous aident à mieux faire face aux situations que l'on rencontre. Elles nous permettent notamment d'apporter des réponses plus adaptées à chaque situation, grâce à une plus grande créativité. Cette capacité d'ajustement aux situations complexes est facilitée par les émotions positives, notamment parce qu'elles élargissent le champ attentionnel, c'est-à-dire que l'on perçoit davantage les aspects présents dans la situation. De plus, elles nous aident à être plus réceptifs aux dimensions positives du quotidien, qui passent si fréquemment inaperçues. L'attention portée aux aspects satisfaisants augmente notre vitalité, notre motivation et donc l'engagement dans l'action.

À l'inverse, les émotions moins agréables telles que la tristesse ou la colère ont tendance à activer une réponse automatique, plus immédiate face à la situation, ce qui nous laisse moins de choix pour développer des réponses adaptées ou pour accueillir simplement la situation sans réagir de façon stéréotypée ou brutale si cela n'est pas utile.

Les émotions agréables nous offrent donc une vision plus étendue face aux situations. Cela est ingénieusement illustré par une étude scientifique. Le principe est le suivant : on montre à certains participants des vidéos générant des émotions positives, comme la joie ou le contentement, et à d'autres des vidéos suscitant des émotions moins agréables, comme la tristesse, la colère ou la peur. À la suite de cela, on présente des formes géométriques, très brièvement, à l'écran, et on demande aux participants de nommer la forme géométrique. Il y a en fait plusieurs formes géométriques placées de telle manière qu'elles forment une autre forme : par exemple, quatre triangles pour un carré. Les personnes qui ont éprouvé une émotion positive nomment plus souvent le carré, tandis que les autres participants nomment davantage les triangles qui composent la figure plus large.

Dans une seconde expérimentation, des participants doivent compléter des phrases avec le plus de mots possible et proposer des solutions différentes. Ceux qui ont ressenti une émotion positive (induite par une vidéo) sont capables de citer une plus grande quantité de mots et de fins de phrases.

Comment la psychologie positive peut nous aider à prendre soin de la vie

Ma formation et mon métier de psychologue m'ont encouragée à m'orienter vers la recherche pour concevoir, mettre en œuvre et évaluer l'efficacité de pratiques de psychologie positive. L'objectif était d'aider les personnes à prendre soin d'elles-mêmes et de leur entourage, car il s'agit d'une condition favorisant la capacité à prendre soin de la vie au sens large.

Au cours des dernières années, nous avons pu montrer comment ces programmes de psychologie positive et de présence attentive permettaient d'améliorer le bien-être des individus, mais aussi de développer l'engagement des personnes dans la mise en œuvre d'écogestes. Cela représente ainsi de nouvelles voies visant à mieux prendre soin de la vie.

Une émotion qui pousse à prendre soin de l'autre

Il y a quelque chose de particulier avec la gratitude. Les émotions telles que la joie peuvent parfois nous exalter au point de nous pousser à prendre plus de place – ce qui n'est pas toujours ajusté aux personnes qui se trouvent en notre compagnie. La gratitude, elle, nous oriente vers une plus grande attention à l'autre, à notre environnement. Elle nous pousse à prendre soin de ceux qui nous entourent. Lorsque nous éprouvons de la gratitude envers une personne, nous avons ensuite tendance à mettre en œuvre des comportements plus coopératifs, altruistes et solidaires, non seulement envers la personne qui nous a aidés, mais aussi envers d'autres personnes que nous rencontrons ensuite.

L'émotion de gratitude favorise ainsi une meilleure qualité relationnelle. Voici l'exemple d'une expérimentation menée par deux chercheurs en psychologie positive, John Haidt et Sarah Algoe, auprès de couples. Il était proposé à l'un des partenaires de se remémorer le souvenir joyeux d'un événement partagé avec le conjoint ou un souvenir qui générait de la gratitude envers le partenaire. Ensuite, ils avaient un petit temps d'échange autour de cette situation. Les chercheurs ont observé les effets du type de souvenir sur ces échanges. Ils ont constaté que les personnes qui éprouvaient une émotion de gratitude avaient davantage tendance à signaler les qualités de leur partenaire, lorsqu'elles échangeaient avec lui, à exprimer leur gratitude et à effectuer des gestes de tendresse, comme le prendre dans leurs bras. Ces comportements sont de nature à générer des relations plus constructives et durables.

Dans une seconde étude, les chercheurs souhaitaient identifier les effets de l'expression de la gratitude et de ces gestes affectueux sur le partenaire. Ils ont constaté que les partenaires qui avaient reçu une expression de gratitude se sentaient davantage appréciés, reconnus et compris par leur partenaire, et que cela augmentait leur bien-être et le sentiment amoureux, contribuant ainsi à la satisfaction conjugale et à la qualité de la relation dans le couple.

Des lettres de gratitude pour prendre soin des autres

Un troisième exercice qui permet de prendre soin des autres consiste à choisir un moment, par exemple pendant les vacances, où l'on prend un temps pour repenser aux personnes qui ont été importantes pour nous et que nous n'avons jamais eu l'occasion de remercier pour ce qu'elles nous ont apporté, ou tout simplement pour ce qu'elles sont. Puis l'on décide d'écrire une lettre à l'une de ces personnes en notant ses qualités, ce qui a été important pour nous, ce qui, dans son attitude ou ses gestes, nous fait penser à des valeurs qui nous sont chères. Il est possible d'envoyer cette lettre ou de l'apporter à la personne, mais, même si vous n'avez pas la possibilité de le faire, des recherches ont montré que le simple fait d'avoir écrit cette lettre contribuait à augmenter le sentiment de lien social, ce qui entraîne davantage de comportements attentionnés envers les autres.

Les vertus de l'« orientation reconnaissante »

Ce qui est marquant, c'est que cette émotion va au-delà des comportements envers les proches : elle génère aussi des comportements plus altruistes envers de tierces personnes, y compris des inconnus. Dans une expérimentation, des chercheurs avaient fait venir des étudiants en laboratoire. À certains d'entre eux, ils proposaient de repenser à un événement de leur choix et à d'autres à un événement qui suscitait en eux de la gratitude. Ensuite, ils leur proposaient de participer à un jeu en ligne. Ils ont constaté que les étudiants qui avaient éprouvé une émotion de gratitude faisaient davantage confiance aux personnes – qui étaient en fait des personnes fictives – qui jouaient avec eux en ligne, et étaient plus altruistes envers ces personnes. De plus, à la fin de l'expérimentation, l'un des chercheurs faisait tomber incidemment sa trousse. Tous les crayons se répandaient sur le sol, et ils observaient à quel point les participants aidaient à ramasser les crayons. Ceux qui avaient éprouvé de la gratitude avaient davantage tendance à venir en aide.

La gratitude va donc plus loin que la politesse. En effet, même si la politesse a toute son importance dans les interactions sociales, la gratitude, elle, nous rend plus attentifs aux autres et plus solidaires. La tendance à éprouver cette émotion fréquemment et avec une intensité suffisante envers un grand nombre de personnes et une grande diversité de choses s'appelle l'« orientation reconnaissante ». Cette attitude varie selon les individus, mais la bonne nouvelle, c'est qu'elle se cultive ! Ainsi, même les personnes qui éprouvent peu de gratitude peuvent expérimenter ce type de pratique.

Tout le monde peut cultiver la gratitude

Ce fut le cas d'un jeune homme qui avait suivi des ateliers de psychologie positive à l'université Grenoble-Alpes. Le premier soir, lorsqu'il voulut commencer son journal de gratitude, il n'avait aucune idée de ce qu'il pouvait écrire. Il se décida à

La gratitude
nous rend plus
attentifs aux autres
et plus solidaires.

passer en revue sa journée : elle commençait par le réveil aux côtés de sa compagne. Cela faisait plusieurs années qu'ils étaient ensemble et se réveiller en sa présence était devenu une situation qui pouvait passer inaperçue et ne représentait donc plus un événement marquant de la journée. Pourtant, en prenant le temps d'y repenser au moment d'écrire son journal de gratitude, une émotion de joie, puis de gratitude émergea. Il prit pleinement conscience de la chance qu'il avait de pouvoir vivre avec cette personne. Au-delà de l'émotion agréable que lui procura, sur le moment, cette pensée, il en observa les effets sur les jours suivants. Chaque matin, en se réveillant, ce moment était devenu un instant particulier, où il prenait le temps de savourer en pleine conscience la présence de l'autre. Cette émotion éprouvée dès le matin avait ensuite une influence positive sur le reste de la journée et l'encourageait notamment à observer davantage ces petits instants partagés avec d'autres, sur lesquels on ne s'attarde pas, mais qui participent de la richesse de notre existence.

Comme beaucoup d'autres individus qui ont découvert les bienfaits des pratiques visant à cultiver la gratitude, ce jeune homme eut envie de s'engager davantage dans des actions visant à prendre soin des autres, mais aussi de l'environnement. Vous pourrez, à votre tour, expérimenter ces pratiques pour découvrir comment elles peuvent parfois contribuer à prendre soin de la vie que vous partagez avec d'autres et de la vie qui vous entoure.

Contemplation et gratitude envers la nature

Les personnes auprès desquelles j'ai grandi m'ont permis de préserver le goût naturel des enfants pour la contemplation de la nature. Aujourd'hui, je côtoie de près les montagnes et je continue à prendre le temps de m'arrêter devant les paysages, d'apprécier les nuances de couleurs et les odeurs de la végétation. J'éprouve ainsi une immense gratitude envers la nature, un sentiment qui me donne envie d'en prendre soin en étant attentive à mes choix alimentaires et à mes activités. Cela m'a aussi donné envie de transmettre ce goût aux autres. Dans les années 2000, j'ai fondé une association[28], pour organiser des classes de découverte et des séjours de vacances destinés aux enfants et aux adolescents. Les objectifs sont d'apporter une meilleure connaissance de la nature, de faire découvrir de nouveaux aliments et de développer une attitude bienveillante envers les autres.

28. Cette association a été modifiée en 2018 et s'appelle Social + : Association pour l'éducation positive et le développement social (www.social-plus.org).

TROIS INSPIRATIONS

Un événement qui m'a incitée à prendre soin des êtres humains

Lorsque j'étais enfant, j'avais deux amis proches qui avaient été adoptés. Leurs parents adoptifs s'occupaient si bien d'eux que je me disais que l'on devrait pouvoir offrir cette chance à tous les orphelins. Dès l'âge de 8 ans, j'ai eu envie de fonder un orphelinat. Le projet ne m'a jamais quittée. Quelque huit ans plus tard, j'étais bénévole dans un orphelinat en Inde, puis, dans les années qui suivirent, je me suis occupée d'enfants de la rue dans des favelas au Brésil et en Argentine. Aujourd'hui, je m'intéresse aussi au rôle des adultes : comment soutenir les parents, les enseignants et les éducateurs pour favoriser au mieux l'épanouissement de l'enfant ?

Un moment décisif qui m'a conduite à prendre soin des autres espèces animales

Je suis née au milieu d'alpinistes et, durant toute mon enfance, j'ai passé la plupart de mes vacances en haute montagne, où les humains, les animaux et même les plantes se font rares... Entendre le cri des choucas, percevoir un chamois au loin ou la frimousse d'une marmotte qui se lève sur un rocher pour alerter ses proches était une source de joie. La présence des animaux est devenue précieuse à mes yeux et cela m'a motivée pour prendre soin d'eux. J'aimais par exemple déposer des petites noisettes devant le terrier des marmottes pour qu'elles puissent avoir de bonnes réserves pour l'hiver (mes parents m'ont dit bien plus tard que les marmottes ne mangeaient pas de fruits secs !).

Un lieu naturel qui m'inspire pour prendre soin du vivant

J'étais scolarisée dans une école magnifique qui comprenait d'immenses pelouses, un bois avec de grands arbres et un potager que nous apprenions à cultiver. Dès le jardin d'enfants, nous étions invités à découvrir les plantes, à dessiner les éléments de la nature que nous allions ramasser le matin. Les instituteurs ont pris soin de nous apprendre le nom des plantes, des arbres, des champignons, mais ce qui a le plus compté pour moi, c'était le temps que nous passions dehors, par tous les temps, proches de la nature. J'éprouve toujours de la gratitude lorsque je repense à mon école, car la nature m'a beaucoup apporté et cela m'a conduite à en prendre soin par mes choix alimentaires et mes activités. Cela m'a aussi donné envie de transmettre à d'autres le goût de la nature en fondant une association organisant des séjours de découverte.

7

QUAND LA VILLE S'INSPIRE DU VIVANT

LUC SCHUITEN

L'ARCHITECTE LUC SCHUITEN CHERCHE, IMAGINE ET CONÇOIT DES SOLUTIONS ATYPIQUES, CRÉATIVES ET POÉTIQUES À LA DÉGRADATION DE L'ENVIRONNEMENT.

Le dessin a cette formidable faculté de nous raconter énormément de choses en très peu de temps, de parler toutes les langues et d'exprimer très simplement des idées complexes. Le futur prend toujours naissance dans une vision, un projet. Un dessin, une simple esquisse peut donc avoir le potentiel d'une prémonition. C'est particulièrement vrai pour des plans d'architecte, car les bâtiments représentés ont pour objectif de passer rapidement d'une utopie graphique à une réalisation. De là à imaginer des modes de construction et de vie inédits, en dehors de la commande précise d'un maître d'ouvrage, il n'y a qu'un pas que j'ai décidé de franchir en me projetant dans un avenir parfois assez lointain, jusqu'à plus d'un siècle.

L'architecture au service du vivant

Les scientifiques, relayés par les médias, ont coutume de nous annoncer un futur apocalyptique, mais ils envisagent de façon très exceptionnelle le meilleur de ce qui pourrait advenir. Or, comment pourrions-nous concrétiser un futur positif si nous ne l'avons pas conçu au préalable ?

Pour contrer ce pessimisme ambiant, j'ai donc entrepris de dessiner le monde que j'appelle de mes vœux, non seulement pour tenter d'identifier les conditions de son avènement, mais aussi pour mieux appréhender ce que pourraient devenir nos vies si nous prenions les bonnes décisions au bon moment, c'est-à-dire dès aujourd'hui.

L'exemple de la nature

Depuis des temps immémoriaux, il existe dans la nature un bio-béton de très grande qualité : les coquillages. Jamais nous n'avons réussi à fabriquer un béton aussi performant, aussi lisse, imperméable et délicatement coloré. Et cerise sur le gâteau : le mollusque absorbe du CO_2 pour constituer sa coque et n'utilise que son énergie propre. À l'inverse, le béton que nous fabriquons est le deuxième producteur de CO_2 dans le domaine de la construction. De plus, il nécessite un apport énergétique considérable, engendre une destruction massive des écosystèmes et engloutit le sable des plages, le seul qui possède les qualités mécaniques requises. L'augmentation de son utilisation constitue un danger planétaire des plus préoccupants. Prendre exemple sur la nature et s'inspirer de tout ce qui se renouvelle par soi-même est la voie recherchée pour construire un avenir soutenable. C'est la démarche que j'ai suivie pour la conception des bâtiments et des espaces de vie dans mes cités imaginaires ou dans le futur de cités existantes. Une ville peut être assimilée à un écosystème, tel un massif corallien, où tous les organismes vivants collaborent les uns avec les autres pour créer un équilibre d'une grande beauté. Au fil du temps, ces environnements s'enrichissent d'eux-mêmes, la biodiversité naissant de la coopération et de l'équilibre entre les organismes qui les composent. C'est ce même principe que j'essaie d'appliquer à nos villes, non pas pour des raisons esthétiques, mais pour contribuer au processus même de ce qui les fait vivre, les nourrit, les fait respirer et leur permet de durer. Nous sommes des êtres vivants ; je pense donc que le lieu de vie qui nous est le mieux adapté doit pouvoir se comporter comme un vaste écosystème.

Des villes de terre qui retournent au désert

Partout dans le monde, il existe de multiples exemples d'architecture vernaculaire offrant des solutions magnifiques d'intégration dans l'environnement. Ces œuvres d'art sont inspirantes, car porteuses des nombreuses qualités requises pour servir de modèles aux cités écologiques du futur. Les constructions traditionnelles en terre du Yémen font la richesse architecturale du pays et lui valent une renommée mondiale. Le matériau principal est prélevé à quelques dizaines de mètres à peine du chantier de construction. La masse de terre qui compose ces habitations leur permet d'être naturellement autoclimatisées. De plus, avec le temps, quand la maison n'est plus habitée, elle se désagrège pour devenir une ruine plus belle encore et retourne progressivement dans le sol dont elle était issue.

La valeur intrinsèque d'un bâtiment et la pertinence de son architecture s'évaluent en s'appuyant sur sa juste place dans l'environnement et sur l'impact que sa construction va avoir sur la planète. Ne regarder dans une œuvre architecturale que l'esthétique des formes et des couleurs réduit le jugement à la superficialité des apparences. Pour être juste et complet, il nous faut prendre en considération l'ouvrage depuis l'extraction de ses matériaux jusqu'à son retour à la nature, en passant par les différentes étapes de son évolution. C'est à l'aune de ce critère que j'évalue si un édifice est pertinent ou non. S'il va rejoindre un dépôt d'ordures en fin de vie, et polluer un peu plus la planète, quelles que soient les qualités esthétiques de sa réalisation, le bilan global sera, pour moi, loin d'être satisfaisant.

Construire aujourd'hui en matériaux biosourcés

La conscience de ces arguments écologiques émerge de plus en plus dans bon nombre de réalisations contemporaines, telles ces habitations faites en terre, qui vont vieillir en phase avec leur environnement sans l'impacter négativement. Ces matériaux de provenance biosourcée sont chaleureusement colorés, leurs propriétés respirantes permettent d'évacuer l'humidité intérieure tout en étant parfaitement étanches à l'humidité extérieure, des propriétés inexistantes dans la grande majorité de nos constructions actuelles.

Les « Kerterres » : des maisons sculptures

À mi-chemin entre les maisons de Hobbits et la yourte, une Kerterre est une petite maison que l'on peut construire de façon autonome à base de chanvre, de chaux, de sable, de paille et de bois. Faciles, rapides et économiques dans leur construction, elles s'associent souvent à une philosophie prônant une intégration maximale dans le paysage, voire une « présence consciente » de son habitant, celui-ci étant incité non seulement à ne pas nuire à son environnement, mais également à l'améliorer par ses actes de tous les jours. En Bretagne, Évelyne Adam construit ce genre de petites habitations en plein milieu d'une forêt faisant office de jungle nourricière. En breton, *kerterre* signifie littéralement « chez la terre ». Construites à même le sol, sans fondations ni charpente en bois, pierre ou béton, ces maisons, qui s'apparentent à des sculptures habitables, peuvent se construire à la main en une à cinq semaines. Elles captent la lumière avec délicatesse, en harmonie discrète et poétique avec ce qui les entoure et les nourrit. Ces constructions sont ensuite appelées à être naturellement résorbées et réassimilées à leur environnement au fil du temps. Évelyne Adam vit là depuis plus de vingt ans. Elle a construit des dizaines de maisons de ce type et donne aujourd'hui des formations aux personnes intéressées. À l'occasion d'une grande exposition à Arc-et-Senans, dans le Doubs, nous avons bâti ensemble une Kerterre destinée à montrer aux visiteurs qu'il existe des manières alternatives de construire, en phase avec l'environnement, au point d'avoir un impact positif sur celui-ci.

De nouvelles villes créatrices de liens

Par mes dessins, j'essaie d'imaginer les mutations progressives qui pourraient advenir aux villes existantes. Le temps est une notion essentielle pour comprendre une ville. Généralement montrée sous la forme cinématographique d'un arrêt sur image, cette représentation donne une fausse idée de la réalité. La ville est comme un écosystème, en évolution perpétuelle. J'imagine donc celle-ci comme une sorte de paysage dans lequel le vivant occupe une place prépondérante. Elle est parcourue par des moyens de locomotion inspirés par le biomimétisme. Souples, légers et peu énergivores, ces engins innovants peuvent se mouvoir avec l'unique apport des énergies renouvelables. Le panorama de la cité végétale figure l'extrapolation de ces procédés constructifs appliqués à l'échelle de toute une ville, avec des toits-jardins et promenades, des façades végétalisées captant l'énergie solaire, le vent, la pluie. Sa conception la rend apte à propager la vie. Dans ce vaste panorama des toits-jardins, j'ai voulu montrer une ville existante, préservant une grande partie des bâtiments en place tout en permettant de multiples mutations et hybridations. Cette ville se veut créatrice de liens, à l'inverse de ce que l'on conçoit actuellement. À la place des centres commerciaux d'aujourd'hui, des bâtiments de bureaux aux standards mondialisés, des immeubles d'habitations constitués de boîtes hermétiques, insipides, inodores, incolores, sans substance et sans âme, je me plais à dessiner des lieux qui font sens et nous relient à l'ensemble de la planète. La ville de Shanghai est représentée en quatre dimensions, la quatrième étant le temps. Le panorama reproduit dans un seul dessin l'évolution de la ville durant tout un siècle. La lecture commence par la partie gauche ; en évoluant progressivement vers la droite, on découvre comment une mégapole aussi importante pourrait intégrer des principes de construction biomimétique. Au-dessus et en dessous du dessin, une échelle graphique temporelle fixe chaque partie du dessin dans son année de construction (voir p. 168-169).

Archi Human, des projets d'habitations pour les sans-abri

Notre objectif est de réinsérer durablement les personnes sans abri dans des logements de qualité, sur le plan tant architectural qu'environnemental. Le but de ces projets est de rendre nos villes plus « aimables » et plus chaleureuses, et de faire de deux problèmes une solution. Dans les villes actuelles, nous avons d'une part des espaces résiduels abandonnés – des chancres qui dévalorisent le tissu urbain et dont les pouvoirs publics ne savent plus que faire – et, d'autre part, des accidentés de la vie, des laissés-pour-compte, faute de solution. Avec une dizaine d'autres personnes, nous avons créé une association sans but lucratif pour fournir à ces sans-abri des logements décents, architecturalement soignés, réalisés avec des matériaux biosourcés, bien isolés et accompagnés autant que possible de la présence de végétal, car celui-ci joue un rôle bénéfique sur les gens abîmés.

Cela fait quatre ans que nous poursuivons cet objectif, avec des résultats encourageants : trois communes nous ont offert des terrains sous bail de longue durée pour y réaliser des immeubles de trois ou quatre studios de 28 mètres carrés. Nous avons maintenant les fonds nécessaires pour faire aboutir le premier projet, à Molenbeek. De nouveaux partenaires investisseurs nous permettent d'entrevoir la réalisation d'autres projets à venir. La méthode Housing First a été

000
2010
2020
2030
2040
000
2010
2020
2030
2040

2060
2070
2080
2090
2060
2070
2080
2090

choisie comme programme d'aide aux sans-abri. Il s'agit de l'obtention d'habitations sans conditions, de manière à permettre la réinsertion sociale de la personne grâce à son domicile.

Plus d'infos : archihuman.com/

Un tram biomimétique à Bruxelles

Si vous arpentez les rues de Bruxelles, vous verrez peut-être se promener un tram tout à fait étrange et surprenant : un « tram à pattes » aux allures de chenille futuriste. C'est une idée que m'a inspirée Gauthier Chapelle, le jour où je lui ai demandé : « Pourquoi est-ce que la nature n'a pas inventé la roue ? » Il m'a aussitôt répondu : « Mais c'est évident, la roue implique des routes, des autoroutes, des ponts, des viaducs, etc. Le territoire est alors morcelé, coupé, on casse les réseaux racinaires, hydrauliques, etc. À l'inverse, la patte passe sur tous les terrains, elle monte les escaliers, escalade les rochers, passe les gués, etc. Les pattes sont respectueuses de l'environnement, et donc de loin supérieures à la roue. »

C'est pourquoi, dans ma vision d'un futur qui réconcilie l'humain et la planète, j'imagine des engins qui se meuvent sur pattes. Le tram que j'ai peint à Bruxelles, en collaboration avec mon frère

François, ne se déplace évidemment pas sur de vraies pattes, il s'agit d'un simple dessin, mais il évoque ce que pourrait être cette évolution ultime. Ce tram est aussi une sorte de monument funéraire mobile en mémoire de la perte de la biodiversité et de la sixième extinction des espèces. Après le désastre des grandes guerres et de leurs massacres, on érige habituellement de beaux monuments funéraires. Alors pourquoi pas, enfin, un bel hommage aux disparus d'une catastrophe planétaire au moins aussi importante ?

L'âge de la réconciliation ?

L'anthropocène a pris la succession de l'holocène, vieux de dix mille ans. Ce nouvel âge géologique est caractérisé par l'époque où les activités humaines ont un impact global significatif sur l'écosystème terrestre. Aujourd'hui, un grand nombre de scientifiques, de philosophes, d'écologues ont pris conscience de l'importance des atteintes à la planète. Autour de nous, de nombreux mouvements de pensées et d'actions sont les prémices de la gestation d'un âge nouveau. Nous pouvons citer : la permaculture, l'agroforesterie, les circuits courts, l'écologie de la réconciliation, le biomimétisme, les énergies renouvelables, le développement durable, les villes en transition, le film

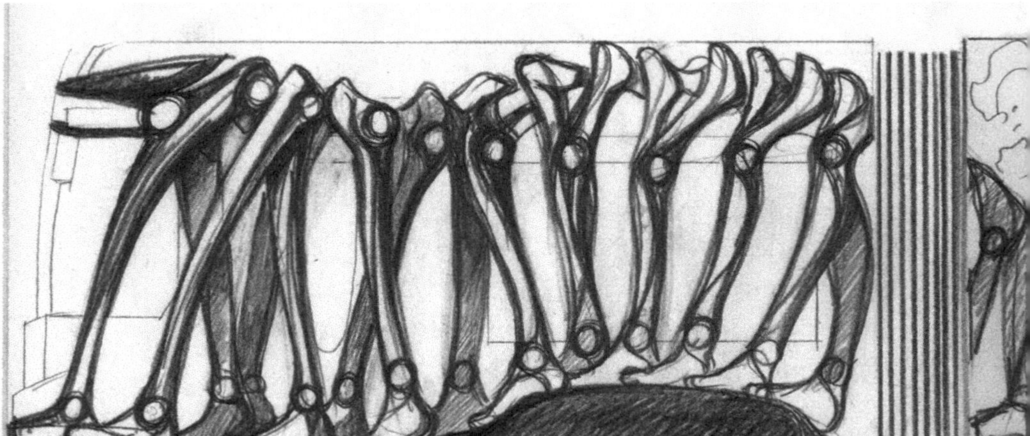

TRAMAPATTE ÉTUDE,
Luc et François Schuiten, le 10 juin 2018

Demain, etc. Ce sont les signes avant-coureurs de changements à venir encore plus radicaux.

Le changement qui s'annonce sera d'une telle ampleur que le terme « anthropocène » ne conviendra plus pour caractériser cette future époque. Afin de nommer ces temps nouveaux, le concept d' « écologie de la réconciliation » paraît le plus adapté. Il désigne la branche de l'écologie qui étudie les moyens d'encourager la biodiversité dans les écosystèmes anthropiques. Inventé par Michael Rosenzweig, professeur d'écologie et de biologie, ce concept se fonde sur l'idée qu'il n'y a pas assez de zones désignées pour que toute la biodiversité terrestre puisse être préservée dans des réserves naturelles. L'idée est donc de favoriser la biodiversité dans les milieux anthropiques et d'aboutir à une situation gagnant-gagnant pour l'humain et la biodiversité locale. Cette forme d'écologie s'appuie notamment sur le lien que la biodiversité ordinaire noue entre les sociétés humaines et les processus biologiques plus complexes ou fragiles. Le terme « réconciliation » peut se traduire en grec par *diallasson*, soit « changer l'esprit », « remettre en accord », « remettre en harmonie ». Nous nommerons donc le nouvel âge géologique le « diallassocène », l'âge de la réconciliation, celui où nous commencerons à prendre conscience de l'ensemble des besoins de Gaïa, notre magnifique planète, et à les intégrer dans notre conception du monde et dans nos modes de vie.

« L'écologie de la réconciliation » désigne la branche de l'écologie qui étudie les moyens d'encourager la biodiversité dans les écosystèmes anthropiques.

TROIS INSPIRATIONS

Un événement qui m'a incité à prendre soin des êtres humains

À l'adolescence, j'ai accompagné des adultes qui ramenaient une petite fille dans un orphelinat situé en pleine campagne. Celle-ci avait eu la chance de passer le week-end dans une famille d'accueil à Bruxelles, mais la plupart des autres enfants passaient la journée dans une cour vide, sans jeux ni occupations. En nous voyant arriver, ils se sont précipités sur nous, assoiffés de contacts humains et de tendresse. Des grappes d'enfants se formaient autour de nous, tandis que de vieilles religieuses leur ordonnaient de s'éloigner. Je leur ai promis de revenir avec mes sœurs et des amis pour jouer tous les dimanches avec eux. Durant des années, nous avons tenu cette promesse. La semaine, je dessinais des cartes postales personnalisées, envoyées ensuite par la poste.

Un moment décisif qui m'a conduit à prendre soin des autres espèces animales

La chasse ne s'improvise pas, m'explique mon père, les grives sont très malignes, elles ne viendront pas si elles nous aperçoivent. Je suis alors âgé de 6 ans quand je construis avec mon père une cabane de chasseur. Pour moi, l'aventure est extraordinaire, j'ai l'immense privilège d'accompagner ce père tant admiré dans la découverte de la vie sauvage en pleine nature. Le lendemain, en silence, nous observons le feuillage des sorbiers. Mon père m'apprend à distinguer les grives des merles, les premières étant bien plus savoureuses. Nous en distinguons une dans un arbre, picorant les fruits du sorbier. Mon père vise, tire, la grive tombe et nous courons triomphants vers la cible couchée sur le gravier du sentier. Horreur ! la grive blessée saigne, bat des ailes, crie et agonise devant mes yeux atterrés. Stupéfaction ! Abomination ! je suis aussi bouleversé que si c'était moi qui avais reçu la décharge de plomb. Encore aujourd'hui, quand j'y pense, je frémis devant l'horreur du spectacle. Je m'en vais en pleurant pour me cacher dans un coin refuge du jardin. Je ne parviens pas à saisir comment une si belle aventure peut brusquement se transformer en un cauchemar. Mon père ne me comprend pas, il rit gentiment.

« C'est ça, la chasse, mon fils, l'oiseau n'avait pas mal, c'est juste ses nerfs qui bougeaient…

— Plus jamais, plus jamais je n'irai chasser !

— Ce soir, il y aura des grives pour le souper, tu verras, c'est délicieux.

— Jamais, je n'en mangerai… jamais. »

Et mes sœurs de rajouter : « Nous non plus, nous ne mangerons pas de cela ! »

Pour autant que je m'en souvienne, le souper fut des plus sinistres, tout le monde faisait la tête, car nous étions tous très déçus par la tournure inattendue des événements. Le soir, comme nous n'arrivions pas à dormir, nous nous sommes réunis pour un grand conciliabule. Nous ne voulions à aucun prix laisser se perpétrer de tels crimes chez nous. Nous devions agir vite et bien, car la vie de petits êtres fragiles et innocents était en jeu. Nous étions conscients de ne pas pouvoir faire changer d'avis notre père, bien décidé à nourrir la famille grâce à sa toute nouvelle carabine. Il ne nous restait plus alors qu'à nous attaquer à l'arme du crime et à ses munitions. Le lendemain, nous avons étalé sur la table de notre chambre quelques cartouches. J'en ai prudemment ouvert une. À l'intérieur, une multitude de petites billes de plomb noires. Tout en travaillant chacun de notre côté à vider des cartouches, nous prenions conscience que le sabotage serait tout de suite découvert. Pour le rendre efficace, il devait être invisible. Nous devions donc remplacer les plombs par autre chose, du sucre ou du sel, par exemple, et refermer proprement le bourrelet de carton sur le petit couvercle. Pas facile mais faisable. Le travail était énorme et prenait beaucoup de temps, car il fallait le faire très soigneusement si nous ne voulions pas nous faire prendre. En gratification de cette tâche, nous accumulions de grandes quantités de belles petites billes que nous cachions dans une boîte à chaussures. Mon père continuera à chasser la grive durant une saison sans plus me demander de l'accompagner. Très discret sur ses exploits de chasseur, il n'a plus jamais rapporté de grives. Nous ne lui posions pas de questions, mais un jour nous avons surpris une conversation entre lui et un de nos oncles, chasseur :

« Pour moi, c'est un grand mystère, la grive est là, à quelques pas de moi, juste au bout de mon fusil, pan ! je tire et elle s'envole sans être touchée. Je n'y comprends rien !

— C'est à coup sûr ton fusil qui ne vaut rien, il doit être faussé ! »

La victoire était éclatante. Bien des années plus tard, j'ai avoué notre forfait à mon père ; d'abord surpris puis interloqué et hésitant, il a fini par prendre le parti d'en rire et de raconter à son tour les astuces de ses enfants, plus fier d'eux que de lui-même.

Un lieu naturel qui m'inspire pour prendre soin du vivant

Au beau milieu de mon jardin à Bruxelles, deux grands acacias émergent d'un bosquet pour déployer leurs branches bien au-delà des toitures environnantes. Leurs ramures souples et légères se profilant dans les airs, peuplées de corneilles et de pigeons, ont toujours exercé sur moi une grande attirance, par leur positionnement entre ciel et terre. Depuis tout gosse, voir le monde en hauteur, au travers les branches d'un arbre et de son feuillage, a été un objectif des plus convoités. Aujourd'hui, j'ai pris conscience que cela représentait bien plus qu'un rêve d'enfant, c'est le fondement même de ma démarche d'architecte ; percevoir la ville, sa respiration, son fourmillement à travers la trame vivante d'un feuillage. Mais comment atteindre le haut de mon arbre pour y méditer sur le monde du vivant ? C'est après avoir testé un petit appareil, sorte d'électroencéphalogramme simplifié, destiné aux thérapeutes et praticiens des techniques de relaxation, le Biofeedback, que l'idée du « lévitateur » m'est venue à l'esprit. En couplant cet appareil à un treuil, une poulie de renvoi et un fauteuil, j'ai obtenu un mécanisme qui me permet de monter dans mon arbre. Dès que l'appareil détecte que je rentre en méditation, il met en marche le treuil pour me tirer vers la canopée. Tant que mon cerveau émet des ondes alpha, je me maintiens en suspension dans les hauteurs de mon arbre. Entrer en méditation donne déjà une sensation d'élévation de l'esprit, quand celle-ci s'accompagne de la montée du corps, la perception se rapproche en peu plus de ce que l'on appelle la « lévitation », sans pour autant atteindre ce sommet mythique réservé, paraît-il, aux plus grands esprits.

8

PRENDRE SOIN DE NOS AÎNÉS

SUZANNE TARTIÈRE

MÉDECIN ANESTHÉSISTE AU SAMU DE PARIS, SUZANNE TARTIÈRE A AUSSI TRAVAILLÉ AU SAMU SOCIAL DE PARIS AVEC XAVIER EMMANUELLI.

Voici plus de trente années que je travaille dans le monde de l'urgence. Pendant quinze ans, j'ai aussi été directrice médicale du Samu social de Paris, créé par le docteur Emmanuelli. Aujourd'hui, de Bruxelles à Dakar en passant par Bucarest, Madrid, Bamako, Libreville et Alger, ce sont plus de dix-sept Samu sociaux à l'étranger qui prennent en charge les personnes vivant dans la rue, et tout particulièrement les enfants.

Au Samu médical, mon activité principale consiste à répondre aux appels ; je suis ce qu'on appelle « médecin régulateur ». Chaque jour, nos assistants de régulation médicale répondent à plus de trois mille appels téléphoniques, qui dans 90 % des cas, malgré la vocation première du Samu qui est de répondre à de réelles urgences, ne nécessitent pas l'envoi d'une équipe de réanimation. La majorité des demandes ne sont donc pas graves en soi, bien qu'étant considérées comme urgentes par l'appelant. La plupart du temps, un simple conseil suffit, mais même dans ces situations, un appel au Samu me semble pertinent, car il permet très souvent d'éviter un passage aux urgences.

Urgences contre la « mort sociale »

Certains patients appellent très régulièrement le Samu. Nous finissons par nous souvenir d'eux, mais ils ne sont pas faciles à repérer, car notre logiciel ne nous signale pas ces appels récurrents. Je me suis intéressée à ces appels répétitifs qui sont très fréquemment le fait de personnes âgées, et souvent de femmes. La douleur abdominale, parfois qualifiée d'atroce, est la plainte la plus fréquente. Et la réponse la plus rapide est l'envoi d'un médecin urgentiste, pour des soins à la maison, ou d'une ambulance. Il est souvent impossible de les orienter vers leur médecin traitant – souvent, celui-ci ne se déplace plus à domicile –, ou bien ces patientes disent ne plus en avoir.

Bénéficier d'une consultation à domicile va leur permettre, pendant quelques minutes, de pouvoir parler à quelqu'un, à ce médecin qui va prendre leur tension, les toucher, s'intéresser à elles. Une enquête des Petits Frères des pauvres menée en 2017 a montré que de nos jours en France plus de 300 000 personnes de plus de 60 ans ne rencontrent jamais ou quasiment jamais d'autres personnes. Les Petits Frères des pauvres n'hésitent pas à employer un terme fort : ils parlent de « mort sociale ».

Cette visite médicale a cependant un coût non négligeable que les patients ne pourront bientôt plus assumer. Ils seront en quelque sorte « fichés », et les médecins ne se déplaceront plus à leur domicile. Ceux-ci devinent bien leur solitude, mais comment les aider et à qui s'adresser ? À Paris, l'organisation des services sociaux est d'une complexité effroyable. Chaque service est hyper-spécialisé, et soumis à des critères d'âge, de sexe, d'adresse, de situation sociale. De plus, ces services ne travaillent pas en réseau et ils ont peu de liens entre eux. Ils travaillent en silos.

Un tel mode de fonctionnement serait aberrant dans le cas d'une urgence médicale. Mais fort heureusement, le monde médical a résolu cette complexité en créant un numéro d'appel unique, le 15. À l'inverse, le monde social semble encore effrayé par la notion d'urgence, d'urgence sociale. Et ses institutions ne souhaitent prendre en charge que des patients qui relèvent strictement de leur compétence. Or, nombre d'entre eux ne sont pas des patients « normés » : ils cumulent pour la plupart des difficultés médicales, psychologiques, sociales et financières. Chaque structure est experte dans son domaine et a du mal à travailler de façon transversale.

Des expérimentations voient alors le jour, de nouveaux métiers apparaissent, avec des noms aussi prometteurs que « gestionnaire de cas », terme qui désigne la personne chargée de traiter les appels des patients les plus difficiles. Et cette prise en charge morcelée va aboutir à des cercles non vertueux nécessitant des passages incessants aux urgences suivis de retours à domicile plus ou moins longs, jusqu'à ce qu'une crise plus grave survienne, crise qui aurait pu être prévenue et évitée.

La télémédecine des personnes âgées

Le Samu, connu du grand public, avec ses accidents graves, ses infarctus, ses sirènes qui hurlent, peut donc aussi être un lieu de prise en charge moins technique et plus holistique des personnes âgées. Celles-ci n'ont pas composé son numéro par erreur, mais parce qu'il répond à leurs inquiétudes et leur apporte vingt-quatre heures sur vingt-quatre une solution, fût-elle surdimensionnée. Cependant, pour peu que l'on prenne le temps de le décrypter et que l'on ne s'arrête pas aux symptômes invoqués, leur appel cache une grande souffrance. Le téléphone, ou plutôt le smartphone, est un formidable outil de télémédecine. Simple et si courant, avec ses fonctions photo et vidéo, il a changé notre façon de travailler et facilite grandement les consultations à distance.

Cela fait plus de cinquante ans que les Samu pratiquent gratuitement la télémédecine, cette médecine si particulière. Le ministère de la Santé propose actuellement des pistes pour la financer et, le vieillissement de la population offrant de nouvelles perspectives de développement, de plus en plus de sociétés privées s'y intéressent.

Plaidoyer pour une médecine sociale

Ne nous privons pas du pouvoir des mots et des échanges humains. Au fil des entretiens téléphoniques, j'entends souvent la voix de l'appelant qui se modifie et son angoisse qui diminue. Je devine aussi l'épuisement. Lorsque j'ai en ligne un patient de 70 ans qui s'occupe de son parent dépendant de 102 ans et que je lui dis qu'il n'est pas possible pour lui de s'en occuper, lorsque je l'entends craquer, éclater en sanglots au téléphone, ce sont des moments poignants. Je lui explique alors qu'il existe des solutions même s'il ne les connaît pas encore, qu'il n'est plus seul, et qu'un aidant isolé ne peut que s'épuiser. J'appelle ensuite les services sociaux – je les connais tous à présent, mais il m'a fallu des années pour passer le barrage du sacro-saint « secret social », pour que nous puissions enfin échanger nos informations.

Mon appel complétera celui du patient, et je rappellerai si nécessaire quelques jours plus tard pour m'assurer qu'une prise en charge a bien été effectuée. Le temps social n'est pas le temps médical, nous avons des temporalités différentes. Il a bien fallu nous apprivoiser. Nous, c'est la minute ; eux, c'est la semaine.

Ouvrir une fenêtre contre la solitude

Elle a 92 ans, il est 17 h 15, on est vendredi. Elle appelle parce qu'elle veut mourir. On me passe le combiné, elle semble décidée, elle veut qu'on vienne lui faire une piqûre. Il va falloir que je trouve une solution rapidement, car les appels affluent à cette heure-ci. J'entends les aboiements d'un chien : c'est bien le sien. Je m'intéresse à lui. C'est un petit caniche de couleur beige qui s'appelle Caramel. Elle semble tenir à lui. Je tente : « On va venir chez vous et on va piquer d'abord votre chien. » Elle répond : « Ah non, pas lui ! » Elle n'avait pas envisagé cette possibilité. J'insiste, je lui affirme que c'est la procédure : on tue d'abord les petits animaux. Elle ne semble pas d'accord, elle réfléchit, j'en profite pour lui demander son traitement : elle n'a que des médicaments banals, aucune maladie grave. Mais elle vit seule, elle a de plus en plus de mal à se déplacer, à faire ses courses, sa cuisine, son ménage, elle n'a pas de famille, pas d'aide à domicile. Ses voisins lui rendent bien des services, mais elle n'ose plus les déranger, et ils sont partis ce week-end. Je lui donne le numéro d'un service social. Elle le note. Je vais les appeler également et leur demander, pour une fois, de la rappeler aussitôt et de ne pas attendre lundi. Je lui parle aussi des associations que je connais qui interviennent à domicile : Voisin-Âge, les Astroliens, Solitud'écoute, tous ces numéros qu'elle pourra appeler si elle le souhaite. Elle raccroche. Parfois, les patients rappellent gentiment et déclarent qu'« une fenêtre s'est ouverte » à la suite de cet échange.

Transmission

J'essaie de connaître toutes les associations qui agissent contre l'isolement et de les rencontrer. Xavier Emmanuelli a créé il y a quinze ans une association appelée Les Transmetteurs. Elle regroupe des retraités du monde de la santé, du social et de l'éducation. Deux objectifs : le renfort des structures publiques ou privées qui seraient débordées en cas de crise et la formation, la transmission. L'association compte à ce jour cent cinquante membres, essentiellement des médecins. Transmettre nous semble une mission essentielle, un devoir, surtout lorsqu'on a eu le privilège d'exercer ce métier. Transmettre son savoir explicite, mais aussi son savoir implicite, acquis tout au long de sa vie professionnelle.

Nous leur avons demandé de participer à la prise en charge de ces personnes isolées, et plus particulièrement de celles qui mettent en échec toutes les structures, par leurs plaintes incessantes que nul traitement ne parvient à soulager, par leur mauvais caractère, leurs exigences, qui ont fait fuir leur entourage et que je surnomme « les Tatie Danielle », comme l'héroïne du film d'Étienne Chatiliez. Il doit bien y avoir une solution. Je ne la connais pas toujours ; je la cherche. Trouver l'épine qui est plantée dans leur dos et qui expliquerait leur caractère, comme dans *Kirikou et la Sorcière*.

Vers une approche plus intégrative ?

Dans cette perspective, nous avons ainsi mis en place une équipe mobile d'urgence médico-sociale (Ému), en appui du Samu de Paris. Nous avons aussi eu recours aux compétences de certains « Transmetteurs », en particulier celles de notre sophrologue, qui a accepté d'assurer une trentaine de consultations à domicile pour trois patients qui se plaignaient de troubles fonctionnels, plus spécifiquement des acouphènes qu'aucun médecin n'arrivait à traiter. Nous avons pu constater l'efficacité de cette thérapeutique au regard de la diminution du nombre d'appels au Samu.

Je pense qu'il existe là tout un champ encore inexploré. Ces thérapeutiques alternatives pourraient être proposées à domicile à ces personnes âgées, voire très âgées. Leur intérêt me semble certain. Sophrologie, séance d'EMDR, méditation, yoga, qi gong, massage, danse pour les parkinsoniens.

Enfin, nous nous nous sommes rendu compte que les auxiliaires de vie à domicile font un travail remarquable, dans des conditions particulièrement difficiles : salaires très bas, absence de reconnaissance, nombreux trajets non comptabilisés dans leur temps de travail, formations insuffisantes, etc. Nous tentons de créer un nouveau métier qui corresponde à l'auxiliaire de vie que nous souhaiterions avoir quand nous serons plus âgés : « accompagnant à domicile de personnes à fragilités multiples ». La deuxième session est en cours, trois cent quarante-trois heures de cours réparties sur une année. Nous avons la chance de pouvoir dispenser cet enseignement à la faculté de médecine, ce qui valorise la formation aux yeux des auxiliaires, et nous espérons obtenir bientôt une reconnaissance officielle.

Comme l'affirme le docteur Xavier Emmanuelli, « l'urgence est une méthode pour sortir de l'urgence ». Un appel au Samu peut être un moment privilégié qu'il faut savoir saisir. Tisser des liens, lutter contre l'isolement, permettre à chacun de bien vieillir à domicile, c'est le souhait de plus de 85 % des Français. Bien vieillir, et bien mourir, mais pas de mort sociale.

TROIS INSPIRATIONS

Un événement qui m'a incitée à prendre soin des êtres humains

J'ai choisi ce métier car je voulais m'occuper des autres, c'est donc plus une intention qu'un événement qui m'y a amenée, bien qu'une personne ait eu un impact essentiel sur ce choix de vie.

Il s'agit de mon médecin de famille, un homme qui m'inspirait car je le trouvais juste. Il savait faire la différence entre une situation grave et un mal-être de passage. J'avais envie de lui ressembler, de pouvoir apaiser d'autres personnes, d'autres familles qui, comme moi, se seraient senties comprises au-delà de leurs symptômes et accompagnées à la fois.

Être médecin, ce n'est pas un travail comme les autres, c'est un appel, une mission. On ne range pas sa blouse en rentrant, ça nous habite en permanence.

Me rapprochant de la retraite, je me rends compte que j'ai beaucoup de mal à moins m'investir. Prendre soin des autres fait partie de moi, et y mettre une limite est compliqué. En tant qu'urgentiste, je pense que ce sentiment de nécessaire disponibilité permanente est renforcé, car on se sent responsable. La situation des autres est entre nos mains, il est alors impensable de les laisser souffrir. J'ai d'ailleurs également exercé en tant qu'anesthésiste, dont la mission n'est autre que de réduire la douleur.

Un moment décisif qui m'a conduite à prendre soin des autres espèces animales

J'ai décidé de devenir végétarienne. J'ai pris cette décision après avoir entendu plusieurs témoignages, dont celui de Jean-Luc Daub lors des Journées Émergences.

Aujourd'hui on ne peut plus fermer les yeux sur les conditions dans lesquelles les animaux sont abattus. Les reportages existent, démontrent et dénoncent. Nous avons un pouvoir d'action pour lutter contre ces pratiques : diminuer, voire arrêter notre consommation de viande. Souvent, on se donne des excuses, comme le circuit court du boucher du coin ou la taille de l'animal

(« le poulet, ça ne compte pas »), mais, au fond, je pense qu'il est important de changer nos mentalités et de redonner à tous les animaux leur juste valeur : ce sont nos cohabitants légaux sur cette planète.

Une fois que l'on se donne la peine de changer notre regard, on prend conscience de la richesse et de la beauté de la diversité animale autour de nous. Cela me fascine totalement, et j'avoue avoir chez moi quelques livres qui illustrent cette beauté : je les feuillette avec émerveillement.

Un lieu naturel qui m'inspire pour prendre soin du vivant

J'ai eu la chance de passer quelques étés en Finlande. Je me suis retrouvée sur une de ces petites îles typiques au milieu d'un lac bordé de sapins. S'offrait alors à moi une vue panoramique. Regarder le lac était extrêmement reposant : celui-ci s'évadait à des kilomètres, une sorte de vision d'infini. Les couchers de soleil, le calme, la beauté m'ont invitée à prendre pleinement conscience du moment, de sa fragilité.

À cet égard, les reportages photographiques de Sebastião Salgado sont très évocateurs ; l'impact de l'homme sur la nature est affolant. Nous avons tous et toutes la responsabilité de changer nos habitudes pour prendre soin de cette nature dont nous faisons partie.

9

VERS L'HUMILITÉ, LA RESPONSABILITÉ ET LA SOLIDARITÉ

ILIOS KOTSOU, CAROLINE LESIRE ET CHRISTOPHE ANDRÉ

« Un être humain est une partie d'un tout que nous appelons "univers". Une partie limitée dans le temps et l'espace. Il expérimente sa personnalité, ses pensées et ses émotions comme quelque chose qui est séparé du reste, une sorte d'illusion d'optique de la conscience. Cette illusion s'apparente à une prison pour nous, nous restreignant à nos désirs personnels et à l'affection de quelques personnes près de nous. Notre tâche doit être de nous libérer nous-mêmes de cette prison en étendant notre cercle de compassion pour embrasser toutes les créatures vivantes et la nature entière dans sa beauté. »

Cet extrait d'une lettre de condoléances envoyée par Albert Einstein à Norman Salit en mars 1950[29] résume à merveille les questions qui ont été traitées dans cet ouvrage. Le soin apporté à nous-mêmes, aux autres ou au vivant dans son ensemble nous met en lien et génère un mouvement de compassion. C'est aussi une condition nécessaire pour coexister en harmonie.

C'était aussi le propos de ces paroles, prononcées il y a plus de deux siècles par le chef Seattle[30] :

L'humanité n'a pas tissé la toile de la vie,
Nous ne sommes qu'un fil parmi d'autres,
Tout ce que nous faisons à nous-mêmes,
Nous le faisons à la toile tout entière,
Toutes les choses sont liées entre elles,
Toutes les choses communiquent.

Prendre soin du vivant procède d'un élan profondément inscrit en chacune et chacun d'entre nous. Reste à être attentifs à ce qui se passe à l'intérieur de nous. Et à agir.

---

29. en.wikiquote.org/wiki/Albert_Einstein

30. Chef Seattle (1786-1866), chef des tribus des Suquamish et des Duwamish, *in* Exley, H., *Le Chant de la vie : sagesse amérindienne*, Exley Éditions, 2011.

Vers plus de responsabilité

En cette période tourmentée de l'anthropocène, prendre soin de la vie apparaît comme un enjeu crucial. Nous le savons toutes et tous : notre vie humaine est menacée. Bien que nous semblions parfois l'ignorer jusqu'à ce qu'elle se rappelle à nous, la mort est notre inéluctable horizon. Que faisons-nous de ce temps présent, de ce temps qui reste ? Quand on lui demande s'il croit en une vie après la mort, le paysan philosophe Pierre Rabhi répond que ce qui lui semble essentiel est de faire en sorte qu'il y en ait une avant la mort.

Qu'est-ce que l'anthropocène ?

Le mot « anthropocène » signifie littéralement « âge de l'homme ». Ce terme fait référence à un nouvel âge géologique où l'impact de l'humain sur la nature est tellement important qu'il bouleverse l'équilibre de la biosphère. Ce changement d'ère aurait commencé vers 1950, avec les dépôts radioactifs consécutifs aux premiers essais nucléaires. Il est caractérisé par le changement climatique mais aussi par des dérèglements au niveau biologique.

L'exploitation et la dégradation des sols, la pollution, l'utilisation de l'eau de manière non raisonnée et l'érosion de la biodiversité mettent en péril les écosystèmes indispensables à la vie. Depuis cinquante ans, la planète

a perdu, entre autres, 60 % de sa population de vertébrés, ce qui est considéré par les scientifiques comme la sixième extinction de masse.
Exemple frappant : le bioacousticien Bernie Krause a noté que 50 % des sons naturels qu'il avait enregistrés pendant les quarante-cinq dernières années ont maintenant disparu[31].

Une prise de conscience urgente s'impose : elle correspond à une position assez nouvelle pour l'être humain : elle conjugue les sentiments d'humilité et de responsabilité vis-à-vis de ce monde qui nous entoure. Il s'agit de quitter cette position où l'humain non seulement exploite son prochain, mais domine le monde animal et végétal et se donne le droit de l'asservir ou de l'utiliser, pour aller vers une position d'appartenance et de responsabilité.

Vous trouverez page suivante une illustration très parlante de cette nécessaire remise en perspective[32] : l'humanité est une partie de l'écosystème, elle n'est pas en dehors ni au-dessus de lui.

31. nature.com/nature/podcast/v483/n7390/nature-2012-03-22.html
32. Diagramme « Ego-Eco », Lehmann, S., 2010.

La prise au sérieux du changement climatique est de nature à sauver deux choses : l'avenir de la vie sur Terre et celui de nos démocraties. Et cette prise au sérieux passe par la notion du « nous », par un intérêt porté à ce qui nous connecte à l'environnement et aux autres plutôt qu'à ce qui nous en sépare.

Bien entendu, nous pouvons chacun faire notre part. Néanmoins, les recherches montrent qu'un discours qui fait appel à la responsabilité collective (au « nous ») a davantage d'impact que des exhortations individuelles, car il nous réinscrit en tant qu'individus partageant cette responsabilité de taille pour notre maison commune et nous offre l'occasion de réorganiser la société, la politique et l'économie autour de cette question : « Qu'allons-nous mettre en œuvre collectivement pour sauvegarder notre habitat commun ? »

On ne peut pas être en bonne santé dans un environnement malade

Ce lien à la nature est si intime, important et réconfortant qu'il semblerait que, dans notre nature profonde, nous ne puissions qu'être incités à en prendre soin. Mais alors, quelles sont les raisons qui nous freinent ou nous empêchent de le faire ?

Peut-être que le fait de suivre nos intuitions et ce que nous ressentons ne fonctionne bien que si nous évoluons dans des écosystèmes naturels, ce qui n'est plus vraiment le cas. Les deux tiers de l'humanité vivent dans des grandes villes et cette tendance s'accroît de manière exponentielle. Notre environnement actuel nous incite en permanence à adopter des comportements qui sont bien souvent nuisibles, non seulement à nous-mêmes, mais aussi au vivant dans son ensemble. Certains penseurs l'avaient déjà perçu, comme Stefan Zweig qui remarquait déjà : « Les conditions modernes de notre existence nous mettent en danger de nous écarter encore et encore de ce qui fait notre condition humaine. » On en a aujourd'hui un très bon exemple avec les addictions digitales et la façon dont le big data, par le biais des algorithmes, manipule nos impulsions, nos envies, nos manières de voir le monde et de penser.

Pourquoi sommes-nous aveugles face au péril ?

Cette nature dont nous faisons partie et dont nous avons besoin est en péril. En novembre 2017, vingt-cinq ans après que mille sept cents scientifiques du monde entier eurent adressé un premier avertissement à l'humanité, pas moins de quinze mille scientifiques donnèrent l'alerte : émissions de CO_2, surpêche, pollution des eaux, fonte de l'Arctique, tous les signaux sont au rouge. Ce qu'on appelle « le changement climatique » est désormais avéré. Et pourtant, la mobilisation ne semble pas à la hauteur. Sommes-nous devenus sourds ? Pourquoi n'agissons-nous pas pour faire face à cette nouvelle menace ?

Des recherches scientifiques récentes nous révèlent les biais cognitifs qui nous empêchent d'agir et étudient les circuits cérébraux qui sont impliqués dans ces distorsions par rapport au réel[33] :

- En premier lieu intervient le biais d'optimisme comparatif : nous avons tendance à croire que les autres seront plus affectés par les problèmes environnementaux que nous. Et comme nous nous imaginons séparés et « possesseurs » de la nature,

33. Bohler, S., *Le Bug humain : pourquoi notre cerveau nous pousse à détruire la planète et comment l'en empêcher*, Robert Laffont, 2019.

nous ne prenons pas la mesure de l'ampleur des dégâts que nous nous occasionnons.

- Un autre biais est le déni : nous préférons nier les évidences lorsqu'elles sont potentiellement douloureuses plutôt que de devoir changer de mode de vie.
- La distance temporelle joue aussi un triste rôle. Comme nous situons les problèmes potentiels dans un lointain futur, pourquoi alors nous priverions-nous de confort maintenant ?
- Et que dire de la force des habitudes ? Les personnes qui ont les habitudes les plus ancrées, comme rouler dans une voiture très polluante, auront tendance à éviter les informations scientifiques au profit d'informations confortant leur choix. C'est ce qui semble arriver aux climatosceptiques, dont la propension à adhérer aux théories du complot va de pair avec une adhésion forte à une culture individualiste et au principe d'économie de marché, qui par bien des aspects participent du problème.

Un certain sens de l'humilité et de la responsabilité

Selon le PNAS (l'Académie des sciences aux États-Unis), sur la biomasse totale des mammifères, les humains comptent pour 36 % ; le bétail pour

60 %, le reste des mammifères sauvages (baleines, éléphants, tigres, etc.) ne compte que pour 4 %[34]. N'est-il pas temps de respecter les droits des autres espèces, qui forment avec nous une seule et même communauté ?

Par ailleurs, voici une mise en perspective[35] qui nous permet de retrouver un peu d'humilité : si la vie de la Terre était ramenée à une durée de vingt-quatre heures, les humains n'apparaîtraient qu'à 23:58:43 !

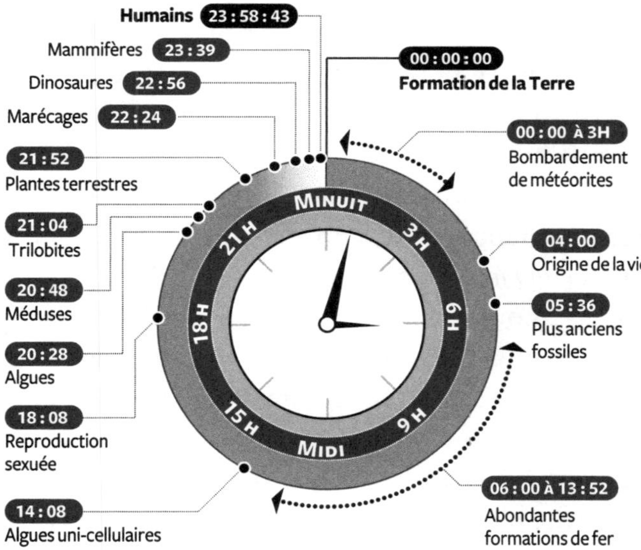

Tout vient de la terre et retourne à la terre, nous rappelle l'activiste indien Satish Kumar : elle nous

34. pnas.org/content/115/25/6506
35. flowingdata.com/2012/10/09/history-of-earth-in-24-hour-clock/

soutient et nous contient. Selon lui, plus que la crainte d'une catastrophe, ce sont l'amour et le sentiment de révérence vis-à-vis de la nature qui nous aideront à la préserver.

Un sentiment d'admiration pour un lieu, le souvenir d'un écosystème particulier (rivière, forêt) qu'on a envie de protéger, de pouvoir faire découvrir à ses proches, à ses enfants, tous ces sentiments nous conduisent à en prendre soin. Comme de nombreux autres amoureux de la beauté du vivant, Matthieu Ricard, passionné de photographie, est persuadé que c'est en s'émerveillant devant la nature, en l'admirant, que chacun de nous trouvera l'énergie et les réflexes nécessaires pour la protéger. L'extase et l'amour pourraient alors nous servir d'accélérateur de changement, comme son livre de photos *Émerveillement*[36] en témoigne.

Cet amour est aussi le moteur pour changer de regard face à notre planète et pour voir la nature non pas comme une collection d'objets mais comme une communauté de sujets. Les scientifiques commencent à confirmer ce que les peuples indigènes savent depuis longtemps : notre planète est un organisme vivant où tous les systèmes sont interdépendants et s'autorégulent[37].

---

36. La Martinière, 2019.

37. Harding, S., *Animate Earth: Science, Intuition and Gaia,* Green Books, 2009.

La spirale du vivant

Face à l'ampleur des enjeux et à l'urgence, comment agir en gardant notre espérance vivante ? « Le travail qui relie » est une démarche d'écopsychologie initiée par l'écophilosophe américaine Joanna Macy, qui aborde cette question à travers la dynamique d'une spirale en quatre étapes. Elle propose un processus de transformation et d'exploration intérieure qui allie les dimensions corporelle, émotionnelle et spirituelle à une compréhension rationnelle du monde et à un engagement dans l'action.

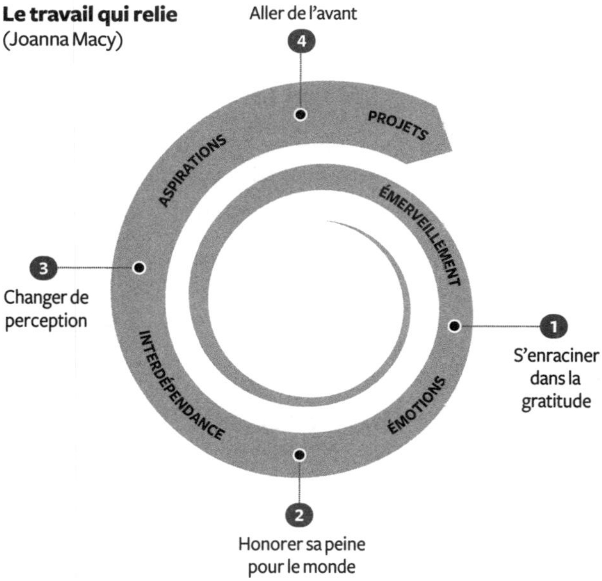

Nous enraciner dans la gratitude est le premier temps de cette spirale. Il s'agit de diriger notre attention sur l'abondance de ce qui est déjà là – en soi, c'est déjà un acte de résistance. Prendre le temps de reconnaître ce qui est essentiel, ce que nous aimons et ce qui est important nous permet de regarder le monde avec lucidité mais aussi avec confiance.

Dans la deuxième étape, nous sommes invités à écouter nos peines, nos deuils et nos indignations face aux crises actuelles : en d'autres termes, à honorer notre souffrance pour le monde. Il s'agit d'accueillir nos émotions avec respect : elles nous révèlent l'amour que nous portons au monde, amour qui découle naturellement d'un sentiment d'interconnexion avec toutes les formes de vie. La peur, la tristesse, la colère ou l'impuissance ont leur place. L'enjeu est de nous entraîner à accueillir sans jugement toutes les émotions qui nous traversent, non pas pour nous y enfermer, mais pour en « composter » l'énergie, pour reprendre les mots du sociologue Michel Maxime Egger[38].

La troisième étape nous invite à transformer notre perception et à prendre conscience que nous ne sommes pas seuls à tenter de relever le défi. Nous faisons partie d'une très longue histoire qui a débuté il y a plus de trois milliards et demi d'années, une chaîne du vivant qui a survécu à cinq extinctions massives.

38. trilogies.org/blog-notes/lesperance-mouvement

Ce changement de regard nous libère de la nécessité de devoir tout résoudre tout seuls et nous permet de nous sentir plus soutenus et inspirés.

Ce qui nous mène enfin à la quatrième étape, le changement de cap, qui nous propose de nous pencher sur notre responsabilité et le rôle que nous pouvons jouer dans cette transition. Quelles sont les actions concrètes à mener à notre niveau ? Comment faire partie du changement ?

Ce processus, par nature empirique, nous invite à ressentir concrètement nos liens avec les êtres qui nous entourent, à exprimer nos émotions face à un système destructeur de vie, à faire émerger une « éco-conscience », conscience qui englobe l'ensemble des êtres vivants, et à nous aider à trouver notre juste place dans cette grande toile de la vie. Cette approche redonne le goût et le sens de la communauté pour participer de manière plus inspirée et engagée à une société qui soutient la vie. C'est en quelque sorte œuvrer à réconcilier notre tête, notre cœur et nos bras au service de la Terre et de ses habitants (dans le cahier pratique en annexe, vous trouverez quelques exercices d'écopsychologie).

Pour une société du *care*

Inégalités et solitude

La crise environnementale que nous vivons se double d'une crise sociale. Aujourd'hui, près de la moitié de la population mondiale vit sous le seuil de pauvreté, autrement dit 3,4 milliards de personnes ont moins de 5,50 dollars pour vivre chaque jour[39].

Cette situation intenable se double d'un défi majeur: l'accroissement des inégalités. Depuis une quarantaine d'années, elles sont en hausse dans presque tous les pays du monde: les 1% les plus riches ont profité deux fois plus de la croissance des revenus que les 50% les plus pauvres[40].

Être pauvre est synonyme de mauvaise santé et d'une moins longue espérance de vie (de dix à vingt ans plus courte pour les habitants des quartiers pauvres par rapport à celle des habitants des quartiers aisés). Ces inégalités sont davantage marquées chez les femmes: ce sont sans surprise les filles qui sont déscolarisées en premier quand les parents n'arrivent plus à subvenir à leur éducation. Pour Richard Wilkinson et Kate Pickett, deux épidémiologistes et auteurs anglais, c'est même un problème de santé

39. Rapport Oxfam 2019.

40. Rapport des chercheurs du World Wealth and Income Database (WID, base de données sur le patrimoine et le revenu), parmi lesquels Thomas Piketty, décembre 2017.

publique[41] : les inégalités sont aussi liées à la prévalence de troubles psychiatriques, au taux d'homicides, à la réussite scolaire ou encore au taux de recyclage des déchets.

Lorsque les liens sociaux se distendent, toute la société souffre. Un environnement qui promeut l'esprit de compétition et l'individualisme à outrance favorise l'isolement (manque de liens avec les autres) et la solitude (sentiment subjectif de ne pas se sentir entouré), ainsi que leur cortège de conséquences délétères. Par exemple, près d'un quart de la population française se sent exclue, inutile ou abandonnée. Plus grave, cinq millions de Français disent souffrir d'isolement et vivent sans aucun contact ou presque avec des amis, des proches ou des voisins[42].

Or, on sait aujourd'hui que l'isolement et le rejet social causent des souffrances, qui sont pour notre cerveau comparables à de la douleur physique. On mesure alors l'étendue de la détresse dans laquelle se trouve une part croissante de la population. Par ailleurs, l'isolement social augmente le risque de mourir prématurément, alors que des relations interpersonnelles de qualité constituent un des facteurs les plus importants de bonheur et de bonne santé, comme le confirme notamment la Harvard Study of Adult

41. Wilkinson, R. et Pickett, K., *Pourquoi l'égalité est meilleure pour tous*, Les Petits Matins, 2014.
42. Enquête du Crédoc pour la Fondation de France.

Development[43], qui a documenté sur quatre-vingts années les facteurs impliqués dans le vieillissement en bonne santé.

Le sentiment d'interdépendance et de commune humanité peut se traduire dans nos actions concrètes pour changer la société en direction d'une société plus juste, plus équitable, plus solidaire, basée davantage sur le partage que sur l'accumulation. Dans un monde orienté vers la performance, où tout doit servir à quelque chose et être rentable, la logique d'efficacité nous amène à traiter d'autres êtres humains comme des moyens : moyens d'augmenter la rentabilité, moyens de nous sentir mieux.

Prendre soin de la vie relationnelle nous enjoint de reconnaître une égale dignité à tous les humains. Cette « bientraitance » basée sur un sentiment de commune humanité se retrouve dans la proposition du philosophe Emmanuel Kant : « Agis de telle sorte que tu traites l'humanité aussi bien dans ta personne que dans la personne de tout autre toujours en même temps comme une fin, et jamais simplement comme un moyen[44]. »

---

43. Vaillant, G. E., *Aging Well: Surprising Guideposts to a Happier Life from the Landmark Study of Adult Development*, Little, Brown and Company, 2008.
44. *Fondements de la métaphysique des mœurs*, 1785.

L'éthique de la sollicitude

Un concept anglo-saxon englobe ces notions de soin, de souci, de proximité : il s'agit du *care*, qui signifie littéralement en anglais « soin », « souci » ou « dévouement ». Cette notion se situe à l'intersection de la philosophie, de la morale et de la politique et désigne la façon dont nous nous sentons concernés par les autres et dont nous voulons les aider, renvoyant à ce terme aujourd'hui peu employé de « sollicitude ». À contre-courant de l'idéal individualiste qui est tellement promu par notre époque, le *care* nous rappelle combien nous sommes dépendants les uns des autres. Il désigne non seulement les sentiments mais aussi les activités essentielles qui concourent à prendre soin d'autrui au-delà de la maladie, du handicap, des douleurs, des souffrances et des chagrins, et ce jusqu'à la mort.

La théorie ou philosophie du *care* a vu le jour en 1982, dans *In a Different Voice*, une étude de Carol Gilligan : la théoricienne féministe y postulait que les critères de décision morale ne sont pas les mêmes chez les femmes et les hommes, ces derniers privilégiant la logique et le droit alors que les premières prennent plus en compte la relation et tout ce qui peut conforter les liens entre les personnes. Cette notion morale de *care* est née pour désigner non seulement la capacité à prendre soin d'autrui mais aussi « le souci prioritaire des rapports avec autrui ». Le *care* est ensuite devenu une notion clé en anthropologie morale et en philosophie éthique.

La pensée ou l'éthique du *care* propose de redonner sens à ces valeurs morales, de se les réapproprier, de les incarner, et introduit ces enjeux dans le politique. Cette notion honore le fait que nous nous occupions les uns des autres et réaffirme l'importance des soins et de l'attention à autrui, en particulier à celles et ceux dont la vie et le bien-être en dépendent. En ce sens, elle nous renvoie et nous rappelle à notre vulnérabilité et à notre dépendance, qui, loin d'être le fruit d'accidents de parcours isolés, sont le lot de tous, y compris de celles et ceux qui se pensent le plus à l'abri.

Que pouvons-nous mettre en œuvre pour promouvoir une société plus juste, plus équitable ? Comment pouvons-nous favoriser une organisation sociale plus inclusive, que ce soit au niveau des questions de genre, d'identité ou de toutes les différences, afin que cette diversité soit source de richesses pour nos sociétés, plutôt que de souffrance ?

Surmonter la tragédie en prenant soin des autres

Voici un exemple très inspirant de la façon dont nous pouvons surmonter les tragédies de l'existence en prenant soin des autres et de notre société. Latifa

Ibn Ziaten est la maman d'Imad Ibn Ziaten, soldat assassiné par Mohamed Merah le 11 mars 2012. Elle a créé l'association IMAD pour la jeunesse et la paix en avril 2012. Son but est de venir en aide aux jeunes des quartiers défavorisés, de promouvoir la laïcité et le dialogue interreligieux. Latifa a gagné de très nombreux prix dont le prix de la tolérance en 2016 et elle a été nommée pour le prix Nobel de la paix en 2018. Voici ce qu'elle nous dit :

« Quarante jours après le décès de mon fils, je suis retournée chez moi et j'ai commencé à sombrer dans la souffrance. Imad était plus qu'un fils pour moi : c'était un confident, un ami. Durant cette période, j'ai rêvé de lui à trois reprises. Dans le premier rêve, il m'a dit : "Maman, lève-toi." J'en ai parlé à ma famille, qui a attribué cela à un effet des médicaments. Mais j'ai refait le même rêve. Puis, la troisième fois, j'ai senti une présence. Mon fils était assis sur le lit, il me tenait la main et répétait : "Maman, lève-toi. S'il te plaît, maman, lève-toi. Je ne veux pas te voir comme ça. Maman, j'ai besoin de toi." Là, je me suis dit : "Il faut que je me lève", et j'ai annoncé à ma famille : "Je vais sortir ; je ne veux pas sombrer comme ça. Je vais prendre soin de vous, de moi, de la mémoire de mon fils, et tendre la main aux autres." Et c'est ainsi que je suis sortie de chez moi. Aujourd'hui, une partie de moi est partie avec lui. Et ce vide que j'ai à l'intérieur de moi, j'essaie de le remplir en tendant la main aux autres : je me rends dans des établissements scolaires, auprès de jeunes qui ont besoin d'aide, de conseils, d'amour, de confiance et d'espoir. Je fais de même auprès de prisonniers dans des maisons d'arrêt. Je mène plusieurs projets pour aider ces jeunes à échapper à leur quotidien, leurs souffrances, leur malchance de ne pas réussir. Et j'accompagne des familles, parce que l'éducation, la présence des parents et leur amour sont à la base de tout.

Je ne souhaite à personne de perdre un fils de 30 ans, un fils merveilleux qui était lui-même empli d'espoir et d'amour… Il me manque énormément, mais à travers cette association, à chaque vie que je contribue à sauver, je vois Imad grandir encore un peu : lorsqu'un jeune ne part finalement pas en Syrie, ou décide d'en revenir, ou lorsque je convaincs un jeune en maison d'arrêt de prendre soin de lui et de démarrer le moteur de sa vie pour avancer, ce qu'il est le seul à pouvoir décider au final.

Notre société a mis l'humain de côté alors que l'humain a besoin d'aide. Dès lors, pour mieux prendre soin de notre humanité commune, malgré la souffrance et le deuil, il faut garder à l'esprit que ce n'est pas la peur qui nous fait avancer, mais une meilleure compréhension de l'autre et un vrai dialogue avec celui-ci. »

Un cadre global pour penser le prendre soin

Comment articuler les dimensions individuelle, collective et institutionnelle dans cette question du prendre soin ?

La mise en place des indicateurs du « bonheur national brut » nous en donne un exemple inspirant. Se basant sur l'ancien code juridique de 1729, qui dispose qu'« un gouvernement qui n'est pas en mesure de faire le bonheur de son peuple n'a pas de raison d'exister », le Bhoutan a décidé de mettre en place un nouveau paradigme de développement, mesuré par un indice. Plutôt que d'évaluer la réussite de son pays uniquement en lien avec le produit national brut, le gouvernement a choisi de mesurer le bien-être de manière plus complète et écologique.

L'indice de bonheur national brut repose sur quatre piliers :

- le développement socio-économique durable et équitable ;
- la protection de l'environnement ;
- la préservation de la culture ;
- une bonne gestion du pays.

Ayant fait du « développement durable » la pierre angulaire de son identité, le Bhoutan est l'un des pays les plus respectueux de la nature, puisque son empreinte carbone n'est pas seulement neutre, mais négative. Il ne s'agit évidemment pas d'idéaliser cette situation, car le Bhoutan connaît des problèmes, que ce soit au niveau du chômage des jeunes, du respect des droits de la minorité népalaise, même si la situation s'est améliorée, au niveau de la santé publique ou de la préservation des ressources. Il constitue néanmoins un exemple concret de ce qui peut être fait à l'échelle d'un État au service d'une harmonie durable.

Transformer notre attitude intérieure est essentiel, mais il est également nécessaire d'inscrire cette transformation dans des outils sociétaux tels que le cadre juridique, de façon à changer le paysage institutionnel.

Un droit du prendre soin et du vivant

À ce niveau, le Bhoutan est encore exemplaire. La Constitution du pays exige que les forêts couvrent à jamais au moins 60 % de son territoire (la couverture forestière atteint actuellement 70 %) et qu'elles soient protégées, ce qui limite la déforestation, si dommageable pour la planète.

Il existe de nombreuses autres expériences en cours dans le monde entier, qui peuvent nous inspirer pour l'avenir. Ainsi, en Nouvelle-Zélande, le fleuve Whanganui, qui s'étend sur 290 kilomètres, a désormais le statut d'entité vivante, soit les mêmes droits qu'une personne. Le Parlement lui a accordé une personnalité juridique[45].

En 2008, l'Équateur a adopté une nouvelle constitution qui a consacré la Pachamama, la Terre-Mère, comme sujet de droit devant être respecté et donc réparé en cas de dommages. Elle est apparemment la première Constitution au monde à accorder des droits inaliénables à la Terre elle-même.

En 2010, la Bolivie s'est engagée dans le même sens, l'article 7 de sa Constitution garantissant à la Terre-Mère[46] intégrité, diversité et accès à une existence sans pollution[47].

Le 5 avril 2018, la Cour suprême de justice de la Colombie a demandé à l'État de protéger la forêt amazonienne colombienne contre la déforestation, ordonnant à la présidence et aux ministères de l'Environnement et de l'Agriculture de créer un « pacte intergénérationnel pour la vie de l'Amazonie colombienne ». Elle donne ainsi raison à un groupe de vingt-cinq enfants et adolescents qui,

---

45. lemonde.fr/planete/article/2017/03/20/la-nouvelle-zelande-dote-un-fleuve-d-une-personnalite-juridique_5097268_3244.html
46. David, V., « La lente consécration de la nature, sujet de droit », *Revue juridique de l'environnement*, 37(3), 2012, p. 469-485.
47. Il convient à nouveau de ne pas idéaliser la situation : dans le cas de la Bolivie, cela n'a pas empêché le gouvernement d'essayer de faire construire une autoroute de quatre cents kilomètres dans une des zones les plus préservées du pays.

accompagnés de l'ONG Dejusticia, avaient poursuivi l'État en justice pour atteinte à leurs droits à la vie et à l'environnement. Afin de protéger ce qu'elle reconnaît comme un « écosystème vital », la Cour suprême colombienne a reconnu l'Amazonie colombienne comme un « sujet de droit ». Elle a également ordonné au gouvernement de mettre fin à la déforestation, lui rappelant son devoir de « protéger la nature et le climat » au nom « des générations présentes et futures[48] ».

Les Iroquois, lorsqu'ils se réunissent en conseil pour examiner les décisions majeures à prendre, se demandent notamment comment elles affecteront la septième génération.

C'est cet exemple qu'a suivi le pays de Galles en adoptant le *Well-Being of Future Generations Act* en 2015, qui oblige les organismes publics à considérer le bien-être des générations futures dans toute décision et politique[49].

La militante écossaise Polly Higgins, décédée en avril dernier, a défendu pendant plus de dix ans la reconnaissance du crime d'écocide. Sa voix comptait parmi celles qui se faisaient le plus

48. cortesuprema.gov.co/corte/index.php/2018/04/05/corte-suprema-ordena-proteccion-inmediata-de-la-amazonia-colombiana

49. Bory, S., « Pays de Galles et développement durable : "un modèle pour d'autres régions et pays" ? », *Revue française de civilisation britannique. French Journal of British Studies*, (23-3), 2018.

entendre en matière de protection et de défense de l'environnement.

En Hollande[50], une organisation environnementale a gagné son procès contre l'État, condamné à protéger ses citoyens contre les conséquences du changement climatique et à réduire les émissions de gaz à effet de serre de 25 % par rapport à 1990 d'ici à 2020.

En France, la juriste militante Valérie Cabanes déclare : « Si les politiques ne font rien, allons chercher le courage des juges. » Le collectif l'Affaire du siècle veut assigner l'État français en justice pour l'obliger à respecter ses engagements sociaux et climatiques. Cela se passe aussi en Belgique avec l'association l'Affaire Climat.

C'est dans cette lignée que s'inscrit également le très beau projet de « Déclaration des droits de l'humanité » piloté en 2015 par l'avocate et femme politique Corinne Lepage et une équipe de spécialistes où l'on retrouve aussi Valérie Cabanes. Ces droits de l'humanité posent, au-delà des droits individuels, « le droit pour tous les habitants de la Terre à vivre dans un monde dont le futur n'est pas compromis par l'irresponsabilité du présent ». Ce projet associe la responsabilité envers les générations futures, la

---

50. reporterre.net/Une-decision-historique-un-tribunal-neerlandais-impose-a-l-Etat-d-agir-contre?var_mode=calcul&fbclid=IwAR1gNs5xnwlgHR9RO0K6dDy8t4NwLMUxF5LBjAdus7INOI-JYPknuQouh4IE

préservation des ressources naturelles et la protection de l'environnement[51].

Les enjeux liés au climat sont colossaux, mais les initiatives positives existent ! Que pouvons-nous faire pour les soutenir, les rendre visibles et les multiplier ?

Transformer notre société

Les trois formes d'actions

Pour Joanna Macy, la transition vers une société qui prend soin de la vie se joue sur trois formes d'actions[52] :

- La première regroupe les actions de protection et de blocage : il s'agit de ralentir la destruction de la Terre et des êtres qui la peuplent. Ce sont, par exemple, les mouvements indigènes des pays du Sud qui œuvrent pour protéger leurs terres contre des projets de développement des multinationales, le combat contre un projet de pipeline dans le Dakota du Nord aux États-Unis (Dakota Access Pipeline), le mouvement de désobéissance civile anti-charbon en Allemagne, les zones à défendre

51. fr.wikipedia.org/wiki/D%C3%A9claration_des_droits_de_l%27humanit%C3%A9_(projet)
52. workthatreconnects.org/three-dimensions-of-the-great-turning/

en France. Ces groupes sont amenés à s'opposer frontalement aux logiques dominantes et sont souvent victimes de répression d'État et de violences[53].

- Ces actions, qui permettent de gagner du temps et de sauver des écosystèmes et des vies, se complètent d'un deuxième niveau d'action : une analyse précise des causes structurelles des dérèglements ainsi que la création d'alternatives. Par exemple, on compte ici les fermes agroécologiques, les éco-lieux, les entreprises coopératives, les projets de restauration écologique, et toute autre initiative qui recrée du lien entre humains et autres qu'humains.
- Enfin, ces alternatives doivent être sous-tendues par une évolution des perceptions et des valeurs, vers une conscience profonde de l'interdépendance du vivant.

Ces trois dimensions, liées les unes aux autres, se retrouvent conjointement présentes dans de nombreuses expériences concrètes. La ZAD de Notre-Dame-des-Landes est un exemple de ces trois formes d'actions.

---

53. Depuis les années 2000, plus de mille quatre cents militants défendant l'environnement ont été tués alors qu'ils défendaient leurs terres. www.globalwitness.org/en/campaigns/environmental-activists/#more https://www.nationalgeographic.com/environment/2018/07/environmental-defenders-death-report/

- À l'origine, elle s'était constituée en défense d'une zone humide destinée à être bétonnée pour construire un aéroport (niveau 1).
- Mais l'occupation de ces 1 600 hectares et l'expérimentation de nouvelles formes de vie qui y sont développées ont donné lieu à une nouvelle ambition : « défendre la possibilité d'une destinée commune » en inventant « d'autres manières d'habiter le monde, pleines et partageuses[54] ». Une vingtaine de projets agricoles y sont développés, ainsi qu'une boulangerie, un journal, des habitats légers en matériaux de récupération, tout cela en autogestion, avec ses avantages et ses complications (niveau 2).
- Enfin, comme le décrit le chercheur Alessandro Pignocchi, qui y a vécu plusieurs mois, c'est aussi un lieu qui cultive une nouvelle conscience, une nouvelle manière de se relier et de vivre ensemble (niveau 3).

Une relation de sujet à sujet

Le changement de vision du monde auquel nous sommes invités dans ce type de lieu a des implications fondamentales sur les modes de vie collectifs. Une vie différente, davantage en harmonie avec notre écosystème, est possible. Lorsque l'on change fondamentalement son rapport à la Terre

54. mauvaisetroupe.org/spip.php?article125

et à l'économie, en abandonnant l'idée d'indépendance ou de séparation, on cesse de transformer la nature et les autres en objets. On peut alors poser les bases d'un monde différent où l'exploitation est remplacée par l'échange et la solidarité. Un monde où les relations de sujet à sujet nous font spontanément considérer les animaux et le milieu comme des collègues, comme des cohabitants.

Nous protégeons alors notre environnement non parce qu'il nous rend un service mais parce que les prairies, les forêts et les autres qu'humains sont considérés comme des voisins pour qui nous avons de l'affection. Dans ce nouveau rapport au vivant, les questions sociales et environnementales ne sont plus considérées comme séparées. C'est notre manière même de vivre qui s'en retrouve questionnée : « Quels rapports de voisinage souhaitons-nous cultiver, tant avec les humains qu'avec les non-humains [55] ? »

Un changement de paradigme

La transformation des consciences doit aller de pair avec une transformation de la société qui responsabilise les entreprises et les organisations internationales, car elles ont davantage de poids que les individus. Cela demande de réconcilier l'écologie, qui, dans son sens étymologique (du grec *oikos*, « maison », et *logos*, « connaissance »), est la science

55. soundcloud.com/presages/podcast/alessandropignocchi

de la maison, notre maison commune, et l'économie, qui fait référence à l'administration de cette maison. Cette réconciliation passe par un changement fondamental de notre rapport à la sphère économique. Se rendre compte que l'on ne peut pas séparer les questions économiques, sociales et écologiques, c'est se rendre compte de l'absurdité de l'idée d'autonomie du monde économique.

Cela demande aussi de transformer les anciennes structures de pouvoir hiérarchiques et patriarcales en processus d'intelligence collective. Ce qui peut amener l'émergence d'une nouvelle forme de dynamisme, d'énergie, de capacité à réaliser des choses dont nous pensions ne pas être capables.

C'est aussi changer nos systèmes éducatifs pour promouvoir une éducation au bien-être, dans laquelle les élèves et leurs éducateurs sont dans une relation d'égalité et de respect mutuel, dans une coconstruction, nourris par ces trois dimensions, de connaissance de soi, de relation aux autres et de lien à la Terre. Ce que nous disent les recherches scientifiques aujourd'hui, c'est qu'il est urgent de vivre autrement pour prendre soin de la Terre et donc prendre soin de nous, puisque nous en faisons partie. Cela implique une responsabilité politique et une approche globale, comme l'exprime souvent le dalaï-lama[56].

56. *Nouvelle réalité, l'âge de la responsabilité universelle*, J'ai lu, 2018.

La question nous est posée à chacun : « Si tu fais partie de la grande équipe terrestre, que décides-tu de mettre en place dans ta vie, dans ton quotidien, pour nous permettre à tous de vivre en harmonie ensemble ? » Le changement de paradigme nécessaire est celui qui nous sortira de l'individualisme pour nous mener vers la dignité partagée et qui réhabilitera la notion de bien commun.

C'est à cette grande aventure, ce changement de cap, que nous invite Joanna Macy. « Si le monde doit être guéri par des efforts humains, je suis convaincue que ce sera par des gens ordinaires, des gens dont l'amour pour cette vie est encore plus grand que leur peur[57]. » Pour avoir un monde vivable, il nous faut passer d'une société désincarnée de la croissance infinie à une société qui prend soin de la vie dans toutes ses dimensions. Ce nouveau monde est déjà en marche, à travers de multiples initiatives de transition, que ce soit par les projets de restauration des cours d'eau, la mise en place de jardins partagés, l'utilisation de matériels usagés pour une économie circulaire, le partage du pouvoir et des ressources dans des entreprises collaboratives ou dans des expériences innovantes de démocratie participative.

---

57. tricycle.org/magazine/schooling-our-intention/

Un autre type de présence au monde

Tous les instants de bouleversements calmes que nous pouvons ressentir, nos petits ou grands moments de paix et de connexion à ce monde, sont des instants auxquels il est précieux de rester ouverts, attentifs. C'est là que nous pouvons mieux saisir quel est notre juste rapport au vivant : non pas dans une posture d'exploitation, d'utilitarisme, mais dans une attitude de présence attentive, bienveillante. Faciliter leur éclosion peut d'ailleurs nous aider à adopter une attitude plus consciente, indéniablement meilleure pour le futur de la planète qui nous héberge.

Prendre soin de la vie, c'est porter une attention ouverte et chaleureuse à soi, aux autres et à notre environnement et poser une intention bienveillante afin que fleurissent des actes qui permettent au vivant, sous toutes ses formes, de grandir et de s'épanouir pleinement.

La Terre est notre maison commune et nous en sommes des cohabitants. Nous y vivons aux côtés d'une quantité innombrable d'autres espèces. N'avons-nous pas le devoir de respecter les droits des autres espèces qui forment avec nous une seule et même communauté, celle des terrestres, des habitants de la Terre ?

Cette approche respectueuse et bienveillante se

manifeste naturellement lorsque nous sortons de l'aveuglement qui nous fait croire que nous sommes séparés, lorsque nous ressentons profondément le lien qui nous unit les uns aux autres, lorsque, comme Rabindranath Tagore, nous ressentons l'univers tout entier vibrer à l'intérieur de nous :

Je sens que toutes les étoiles palpitent en moi.
Le monde jaillit dans ma vie comme une eau courante ;
les fleurs s'épanouiront dans mon être.
Tout le printemps des paysages et des rivières
monte comme un encens dans mon cœur, et le souffle
de toutes choses chante en mes pensées comme une
flûte[58].

58. Tagore, R., *La Corbeille de fruits*, Gallimard, coll. « Poésie », 1971.

TROIS INSPIRATIONS DE CHRISTOPHE ANDRÉ

Un événement qui m'a incité à prendre soin des êtres humains

Dans mon cas, il n'y a pas un seul événement mais toute une continuité : à chaque fois que j'ai vu un humain souffrir, cela aura sans doute accru mon envie de contribuer à ne pas rajouter encore de la souffrance ici-bas. Enfant, observer sans la comprendre la souffrance des adultes ; étudiant, découvrir les souffrances des patients et commencer à pouvoir les soulager. Plus je vieillis, plus je fais mienne cette phrase du poète Christian Bobin : « Quelle que soit la personne que tu regardes, sache qu'elle a déjà plusieurs fois traversé l'enfer. » Derrière les sourires et les provocations, derrière les succès comme les échecs, il y a la souffrance – passée, présente, à venir : ne pas l'aggraver, ne pas en rajouter ;

et chaque fois que possible, chaque fois que j'en ai la force (je ne suis ni un saint ni un héros), la soulager au moins en partie…

Un moment décisif qui m'a conduit à prendre soin des autres espèces animales

Sans doute ma dernière corrida… En tant que gars du Sud-Ouest, j'aimais le rugby, le foie gras et la corrida, sans me poser trop de questions sur la souffrance animale. C'était dans ma culture. Et un jour, lors d'une corrida à Toulouse au début des années 2000, dans des arènes provisoires érigées pour l'occasion (comme cela se faisait souvent autrefois), des militants anti-corrida débarquent. Après quelques échauffourées, ils adoptent une stratégie parfaite (pour des gens comme moi, en tout cas) : ils n'empêchent personne d'entrer mais forment une double file silencieuse au milieu de laquelle nous devons passer pour accéder aux arènes. Ce long passage devant leurs regards réprobateurs et leurs pancartes m'a suffi : j'ai eu honte, j'ai réfléchi, j'ai compris ; et j'ai décidé que je ne devais plus contribuer à faire souffrir des animaux pour mon seul plaisir. Dans la foulée, et sous l'influence indirecte (il ne m'a jamais fait la moindre remarque) de Matthieu Ricard, j'ai aussi radicalement diminué ma consommation de viande : je n'en mange plus chez moi, seulement lorsque je suis invité chez des non-végétariens.

Un lieu naturel qui m'inspire pour prendre soin du vivant

Je me souviens d'un voyage au Spitzberg, ce groupe d'îles appartenant à la Norvège, qui les nomme d'ailleurs Svalbard, et situées bien au-delà du cercle polaire. C'était il y a quelques années, en juin, et j'avais été frappé par la végétation printanière qui était alors en pleine éclosion : de minuscules fleurs multicolores au ras du sol, des lichens de toutes les nuances de brun et de vert… Leur courage à survivre malgré les conditions extrêmes, leur fragilité apparente m'avaient tellement ému que je faisais en permanence attention de ne pas leur marcher dessus ! Pourvu que nous ne causions pas à notre planète des dommages tels que toutes ces humbles merveilles finissent par disparaître à cause de nous, malgré leur force et leur intelligence de vie !

TROIS INSPIRATIONS D'ILIOS KOTSOU

Un événement qui m'a incité à prendre soin des êtres humains

Il y a une vingtaine d'années, à l'occasion d'une mission pour Médecins sans frontières, j'ai visité un cimetière à Manille. Des enfants des rues, certains très jeunes, y vivaient, abandonnés à eux-mêmes. Ils sniffaient de la colle à bois pour supporter leurs conditions de vie. J'étais bouleversé. Lors du même voyage, je me suis rendu dans un camp de réfugiés à Mindanao, dans le nord des Philippines. Ils montraient une joie de vivre qui me semblait incroyable au regard de leur situation. Je me suis senti très proche de ces personnes. J'ai aussi été touché par le dévouement de l'équipe locale, dont le travail faisait vraiment la différence. Mon élan a ensuite été nourri par la rencontre avec ma compagne, qui m'a permis de mettre en lien la méditation et l'action au service de la société.

Un moment décisif qui m'a conduit à prendre soin des autres espèces animales

J'ai grandi au milieu des Alpes-de-Haute-Provence, dans un environnement naturel qui était aussi un refuge interdit à la chasse. Depuis tout petit, j'ai considéré les animaux comme des amis. Je recueillais les oiseaux blessés, j'étais en contact avec les renards et les sangliers. Avec mes copains, nous avions créé un cimetière où nous enterrions les animaux morts. Je me souviens encore avoir été profondément choqué par un jeune venu de la ville qui arrachait les pattes des insectes pour s'amuser. Pour nous, la forêt et ses habitants étaient des êtres vivants que nous devions protéger.

Un lieu naturel qui m'inspire pour prendre soin du vivant

Dans mon enfance, la nature s'étendait à perte de vue autour de nous. Les coups de hache ou de marteau ou le moteur de la voiture du facteur étaient les seuls bruits non naturels que nous entendions. Le paysage sonore se composait du vent, des oiseaux, des bruits d'enfants et de silence. Je me rappelle un pin dans lequel je grimpais quand je voulais être tranquille. Je m'allongeais sur une branche au sommet, d'où je découvrais les alentours et contemplais le ciel. Vivant en ville depuis longtemps, je me rends compte aujourd'hui de l'importance de préserver ces environnements menacés.

TROIS INSPIRATIONS DE CAROLINE LESIRE

Un événement qui m'a incitée à prendre soin des êtres humains

En 2003, j'ai eu la chance de prendre part, comme étudiante, au projet « Mémoire pour la paix » initié par le père Émile Shoufani. Cet artisan de paix, alors curé de Nazareth, a œuvré toute sa vie pour tisser des liens entre humains et restaurer la confiance au sein de communautés meurtries et endeuillées. Pour organiser ce voyage de mémoire à Auschwitz-Birkenau en pleine seconde Intifada, il a bravé obstacles et résistances et a fait preuve de persévérance pour nous offrir ce présent hors du temps. Composé d'étudiants, de scouts, de jeunes et de moins jeunes de différentes confessions, venus de Belgique, de France, de Palestine et d'Israël, notre groupe était accompagné par des témoins, hommes et femmes rescapés de ce camp de concentration et d'extermination. Leur présence inspirante, leurs regards emplis d'amour, leurs paroles dénuées de haine et leur force de vie m'ont bouleversée. Dans ce lieu pourtant synonyme du pire, où ont péri plus d'un million de personnes, dont leurs plus proches, Shlomo Venezia, Magda Hollander-Lafon et nos autres passeurs de mémoire m'ont émue et donné foi en l'humanité. Ce que nous avons vécu ensemble, entre sourires et larmes, désireux de prendre soin les uns des autres et d'aller à la rencontre de nos histoires douloureuses pour faire germer le meilleur en nous et autour de nous, m'accompagne et m'inspire au quotidien.

Un moment décisif qui m'a conduite à prendre soin des autres espèces animales

Quand je suis devenue maman, j'ai décidé d'allaiter notre fille et ce que j'ai vécu pendant cette période a accentué mon empathie envers les espèces animales en captivité qui ne peuvent prendre soin de leur progéniture alors que c'est dans leur nature.

Dans l'industrie laitière intensive par

exemple, les vaches sont inséminées artificiellement tout au long de leur courte vie, dès l'âge de deux ans et ensuite trois mois après chaque vêlage. Leurs petits leur sont retirés, le plus souvent avant même d'avoir bu le colostrum, lequel est riche en anticorps et accentue leur lien à la mère, ce qui crée un stress intense des deux côtés. Considérés comme des sous-produits, les veaux nourrissons sont transportés dans des conditions terribles : entassés, assoiffés, manipulés avec violence, puis élevés en cases individuelles, volontairement anémiés pour des raisons commerciales (afin que leur viande soit blanche), ils vivent l'enfer avant d'être abattus au bout de quelques mois.

Les vaches laitières en élevage intensif sont poussées à produire environ 28 litres de lait par jour, 60 litres durant le pic de lactation pour celles dites « à haut rendement », contre 4 litres à l'état naturel. Les infections des mammites, entre autres problèmes de santé, sont courantes et leur espérance de vie est réduite : elles sont d'ailleurs en général tuées sans aucune considération dès que jugées inutiles, en général après leur troisième lactation. À l'état naturel, elles peuvent vivre jusqu'à vingt ans. Cette instrumentalisation d'êtres vivants sensibles et doués de conscience est une aberration sur le plan éthique.

Nous avons le pouvoir de changer les choses : en réduisant notre consommation de produits d'origine animale, en nous approvisionnant en circuit court responsable (labellisé « bien-être animal », par exemple) et en agriculture biologique, en boycottant les élevages intensifs ou encore en sensibilisant les restaurateurs et en les incitant à se fournir dans des élevages locaux, respectueux des animaux.

Un lieu naturel qui m'inspire pour prendre soin du vivant

Il y a quelques années, j'ai eu l'occasion de survoler le parc naturel des Virunga, dans l'est de la république démocratique du Congo. Je me rappelle m'être sentie profondément émerveillée devant tant de beauté et en même temps complètement démunie et triste, prenant conscience des injustices et des atteintes à la vie qui s'y déroulent au quotidien, tant envers la nature elle-même qu'envers ses habitants, humains et autres qu'humains.

Les militants avec qui je travaillais à

l'époque pour mettre en place des systèmes solidaires d'accès aux soins de santé m'ont aidée à prendre conscience de la convergence essentielle entre luttes sociales et environnementales. Je leur en suis très reconnaissante.

CONCLUSION

Que fait une huître en réponse à une agression extérieure ? Lorsqu'un grain de sable pénètre dans son abri, elle se met à secréter de la nacre pour éviter qu'il ne la blesse. Ce moyen de guérir donnera naissance à une perle précieuse.

Et nous, qu'inventerons-nous pour prendre soin de la vie, qu'allons-nous mettre en œuvre pour guérir la planète ?

Les vols d'oies sauvages peuvent être une autre source d'inspiration, outre l'émerveillement qu'elles suscitent. Ce n'est jamais la même oie ni le même groupe qui conduit l'ensemble : toutes connaissent la direction, mais elles se relaient et volent d'une manière coopérative et intelligente pour s'aider du battement d'ailes de la voisine.

En relevant le défi de faire de notre mieux, nous participons à un mouvement de guérison intérieure et extérieure qui enrichit, nourrit et célèbre la vie.

Comme le dit si bien l'écologiste canadienne Laure Waridel, la force du battement d'ailes, c'est l'amour qui nous relie à toutes les formes de vie, et c'est cet amour-là qui surgit quand on prend le temps de se connaître et de tisser des liens véritables.

« Ne doutez jamais qu'un petit groupe de citoyens conscient et engagé puisse changer le monde. En fait, ça ne s'est jamais passé autrement. »

MARGARET MEAD

ANNEXE 1

CAHIER PRATIQUE

Dans ce cahier, vous trouverez quelques exercices et pratiques qui nous permettent de mieux prendre soin de ces trois dimensions du soin : soi, les autres et la vie.

Ces trois grands domaines, que l'on retrouve tant dans l'écopsychologie que dans la méditation ou la psychologie positive, incluent donc :

- prendre soin de notre propre vie (notre santé, notre bien-être, agir en fonction de ce qui compte vraiment et cela en cohérence avec nos valeurs) ;
- prendre soin des autres par notre écoute, nos attentions bienveillantes, notre capacité à coopérer, notre solidarité ;
- prendre soin de la nature et de tous ses habitants.

Comme nous l'avons abondamment souligné dans le livre, ces trois domaines sont liés les uns aux autres. Lorsque nous nous sentons bien, nous sommes plus disponibles pour les autres, et cela fonctionne aussi dans l'autre sens, prendre soin des autres ou de l'environnement nous fait du bien.

Prendre soin de soi

1. Prendre le temps de prendre soin de soi

Notre relation au temps est parfois tendue, dans ce monde où tout va si vite et face à une société qui nous demande d'être toujours plus productifs et rapides. Il est parfois difficile de ralentir et de simplement « prendre » le temps de prendre soin de soi.

Voici une pratique à laquelle vous pouvez recourir seul ou en dialogue conscient avec un ami ou votre partenaire.

Si vous la menez seul, prenez votre carnet et complétez les phrases suivantes. Donnez-vous au moins deux minutes par phrase.

À deux, choisissez qui sera « A » et qui sera « B ». « A » commence par lire la première phrase ci-dessous et « B » la complète. « A » l'écoute en conscience sans l'interrompre et lui accorde son attention bienveillante pendant deux minutes. Puis changez de rôle.

Vous pouvez ensuite passer à la phrase suivante.

1. Quand je suis pressé, mon corps se sent…
2. Quand je suis pressé, mon esprit est comme…
3. En ce moment, je n'ai pas le temps de…

4. Le manque de temps affecte mes relations de cette manière…

5. Si j'avais plus de temps, je…

2. Se traiter comme son meilleur ami

Une manière de cultiver cette attitude de gentillesse envers soi-même est de se traiter comme un ami qui nous est très cher, et cela plus spécialement dans les moments les plus difficiles.

Quel type de dialogue a-t-on envie d'établir avec soi-même en cas d'échec ? Sur quels aspects de sa vie portent les critiques que l'on s'adresse le plus souvent ? Pensons à une chose pour laquelle nous nous sentons mal ou honteux : comment en parlerions-nous avec un ami qui vivrait cette difficulté ? Quels mots utiliserions-nous pour le rassurer et l'encourager ?

On peut aussi s'adresser une lettre de bienveillance, autre manière d'inviter la douceur dans sa vie.

Prendre soin des autres

1. Cultiver un jardin d'amis

Choisissez trois personnes proches que vous chérissez et que vous ne voyez pas régulièrement. Dédiez-leur trois plantes ou fleurs en pot différentes, une pour chacune.

Il peut s'agir de plantes que vous avez déjà chez vous ou dans votre jardin. Mais vous pourriez aussi choisir d'aller en acheter spécialement pour cette pratique ou, pourquoi pas, de faire pousser trois graines.

Renseignez-vous sur les besoins de chaque plante pour qu'elle grandisse et s'épanouisse au mieux. Prenez-en soin chaque jour comme vous le feriez avec votre ami s'il habitait chez vous ; prenez soin de cette relation.

Si vous le souhaitez, vous pouvez même prendre des photos des plantes à certains moments clés et les envoyer à vos amis. Vous pouvez également tenir un petit journal dans lequel vous écrivez les différentes étapes et notez la gratitude que vous éprouvez envers vos amis.

2. Les cinq gestes altruistes

Cette pratique consiste à choisir un jour dans la semaine où l'on décide d'effectuer, en conscience, cinq gestes ou actions bienveillantes envers autrui. Par exemple, prendre une personne en auto-stop, porter les courses d'une personne âgée jusqu'à son domicile, apporter un repas à une personne sans domicile fixe, appeler une personne dont vous savez qu'elle sera réconfortée de vous entendre, écrire un petit mot de remerciement à un collègue qui vous soutient ou simplement que vous appréciez pour ce qu'il est.

Les recherches montrent que, en effectuant cinq actions de ce type au cours d'une journée, cela permet d'augmenter le sentiment de lien social et favorise aussi le bien-être de celui qui effectue ces gestes. Cela contribue à donner du sens à sa vie, à augmenter son sentiment d'autonomie et de compétence, ainsi que l'estime de soi. Par chance, l'augmentation du bien-être facilite la mise en œuvre d'autres gestes altruistes par la suite.

Par ailleurs, lorsque nous recevons un soutien ou une attention bienveillante de la part d'autrui, nous pouvons prendre le temps de savourer ce geste, puis de réfléchir à la manière dont nous pouvons permettre à ce cercle vertueux de l'altruisme de continuer à se propager. En prenant le temps de remercier l'autre pour son acte, de lui préciser les qualités qui vous ont marqué chez lui et comment son geste vous a touché parce qu'il parle de valeurs importantes, vous améliorez aussi le bien-être de celui qui vous a aidé. Chacun peut donc contribuer à cultiver des relations positives.

Prendre soin de la vie dès la naissance, une urgence

En France, dans les maternités, l'accueil d'un nouveau-né obéit à un protocole médicalisé marqué par l'obsession sécuritaire. Après avoir obéi et suivi ce protocole pendant trente ans, la pédiatre Bernadette Lavollay a envisagé une alternative à cette routine, inspirée notamment par l'expérience des pays du nord de l'Europe. Depuis, elle milite pour que l'on prenne davantage soin des nourrissons lors de leur venue au monde, car, au nom de la sécurité et d'intentions tout à fait louables, on fait subir au nouveau-né de véritables maltraitances. Écoutons-la[59] :

Imaginez les toutes premières expériences du nourrisson alors qu'il vient de quitter la chaleur du ventre maternel : il est accueilli sur une table de réanimation où on lui aspire le nez, la bouche, l'œsophage. On l'examine, on le manipule, on le mesure, le pèse, le baigne, le shampouine, l'habille. On lui donne, comme première nourriture, l'infecte vitamine K. Les pleurs si fréquents en témoignent : le stress pour les nourrissons est intense, stress dont les études prouvent aujourd'hui l'impact délétère sur l'ensemble des organes, le tube digestif et le système vasculaire et neurologique.

59. Elle témoigne de son expérience et des toutes dernières recherches dans un livre : *Les Vrais Besoins de votre bébé*, Les Arènes, 2018.

Le vrai besoin d'un nouveau-né à son arrivée, c'est de s'adapter à son rythme à ce monde aérien, si différent. Sa maman, et son corps si bien connu de l'intérieur, constitue un havre propice pour lui procurer des repères sensoriels, d'où l'importance d'un long moment peau à peau, dès les premiers instants. Toutes les études internationales montrent que le contact peau à peau avec la mère (ou à défaut avec le père) est le meilleur moyen d'accueillir le nouveau-né et de lui procurer ce bien-être dont il a tant besoin pour s'adapter à sa nouvelle vie. Cela a été mon leitmotiv durant toute ma vie de pédiatre, j'ai vraiment beaucoup souffert de nos infrastructures hospitalières qui séparent les nouveau-nés de leur mère, surtout quand, petits et malades, ils en ont le plus besoin.

La plupart des adultes d'aujourd'hui n'ont pas bénéficié de ce premier contact peau à peau et notre extraordinaire capacité de résilience nous a permis de nous adapter et de créer de l'attachement malgré la distance. Mais je voudrais insister sur la puissance de celui-ci, pour que celles et ceux qui accompagnent la naissance le favorisent au lieu d'enchaîner les gestes médicaux et autres manipulations intempestives.

En proposant au nouveau-né un accueil serein, avec le moins de stress possible, en respectant sa physiologie, nous lui procurons la venue au monde la plus apte à un épanouissement de ses compétences. Et en répondant au mieux à ses vrais besoins, nous lui ouvrons le meilleur avenir possible. Ma phrase fétiche est la suivante : « Plus le nid est douillet, plus les ailes seront grandes pour voler. »

Les bienfaits du contact peau à peau

- Maintien de la température (une fois que le bébé crie et est vivant, maintenir sa chaleur corporelle est son premier besoin) ;
- l'adaptation cardiaque et respiratoire est facilitée ;
- les cris et pleurs sont limités ;
- les dépenses énergétiques sont économisées ;
- l'alimentation est facilitée ;
- le système digestif fonctionne mieux ;
- la rencontre avec le père et la mère est facilitée ;
- le système sensoriel est activé ;
- le cycle éveil/sommeil va se mettre en place plus facilement ;
- le développement neurologique est favorisé ;
- le tube digestif va être colonisé par les germes maternels ;
- l'ocytocine, l'hormone de l'allaitement et de l'attachement, est stimulée ;
- l'allaitement est favorisé ;
- il y a moins de risque de dépression postnatale.

Prendre soin de la Terre, des générations futures

1. Apprivoiser un lieu ressource

Partez à la recherche d'un endroit dans la nature à proximité de chez vous.

Prenez le temps de le choisir.

Si vous ne vivez pas à proximité d'un espace vert, cela peut être un petit coin de jardin – si vous en avez un – ou même un coin de balcon.

Il s'agira d'un endroit où vous vous sentez bien, en lien avec le vivant, un endroit où vous pouvez tout simplement être, sans rien faire, immobile et tranquille.

Commencez par visiter ce lieu ressource le plus souvent possible, pour créer un lien avec lui, l'apprivoiser. Cet endroit deviendra peu à peu votre lien intime avec la nature. C'est là que vous commencerez à percevoir les leçons de la nature, que vous remarquerez plus intimement le cycle des saisons, les changements de luminosité, les différentes couleurs…

Restez vigilant, pour que les visites ne deviennent pas une routine.

Comment poser un regard neuf à chaque visite, comme si vous étiez un enfant ?

Qui sait, un détail différent pourra vous surprendre et inciter votre attention à se poser, dans l'instant.

2. Écrire la lettre du futur

Voici une pratique d'écriture dans laquelle vous vous identifiez à un être humain vivant sur Terre dans un siècle ou deux. Avec son regard, observez vos efforts actuels et acceptez de recevoir des conseils et des encouragements, bien précieux pour les activistes par les temps qui courent.

Commencez par fermer les yeux et imaginez-vous dans la peau d'un être humain vivant dans deux cents ans. Ne vous inquiétez pas de savoir comment le monde a changé. Sachez simplement que la crise majeure qui a menacé la vie sur Terre a été évitée. Les armes ont été démantelées, de même que les technologies et les institutions qui ont pollué et décimé la vie. Ces schémas destructeurs étaient si étroitement liés que la transition vers une société durable a été plus rapide que prévu. À ce jour, cette transition semble tellement logique et inévitable que vous la prenez pour acquise. Imaginez que cette personne du futur parle de ce qui se passe dans votre vie actuelle.

Maintenant, imaginez ce que cet être voudrait vous dire. Ouvrez votre esprit et écoutez. Ensuite ouvrez les yeux et commencez à mettre ce que vous avez entendu sur papier, comme si ce futur écrivait une lettre juste pour vous.

Prendre soin en réfléchissant à la cohérence de nos actions

Pour faire la paix avec soi, les autres et la nature, l'activiste indien Satish Kumar nous propose de nous interroger sur notre vie quotidienne, notre façon de vivre et notre activité professionnelle.

Toutefois, de nombreuses personnes étant aujourd'hui sans travail ou connaissant des conditions professionnelles difficiles, certaines questions seront éventuellement sans objet.

- Mon activité professionnelle est-elle respectueuse de l'environnement ?
- Que puis-je faire pour qu'elle le soit (encore) davantage ?
- Est-ce que j'exerce cette activité avec joie ? Comment puis-je y insuffler davantage de joie ? Comment puis-je m'ouvrir à davantage de joie dans mon quotidien ?
- Comment sont mes relations avec les autres ? Comment puis-je rendre ces relations (encore) plus fluides et authentiques ?
- Comment puis-je mettre davantage de créativité dans mon travail ? dans ma vie ?
- Comment faire pour que mes activités soient cohérentes avec ce qui est important pour moi dans l'existence ?

ANNEXE 2

DES ASSOCIATIONS POUR PRENDRE SOIN DE LA VIE

Voici une liste des associations fondées et soutenues par les auteurs de cet ouvrage et par les intervenants des Journées Émergences 2018.

1. Prendre soin de soi

ASSOCIATION ÉMERGENCES

L'association propose de nombreuses activités de méditation de pleine conscience pour mieux prendre soin de soi, des autres et du monde. Avec son « académie mindfulness », Émergences vous propose différentes activités pour découvrir la pleine conscience bienveillante ou approfondir votre pratique : cycles d'initiation de huit semaines (MBSR[60]), mais aussi des cycles « se préparer à la naissance et à la parentalité » et « pleine conscience interpersonnelle ».

60. *Mindfulness-Based Stress Reduction.*

À ceux-ci s'ajoutent des retraites et des séances hebdomadaires de méditation ou d'information.
Site : emergences.org

ASSOCIATION POUR LE DÉVELOPPEMENT DE LA MINDFULNESS (ADM)

Née en 2009 afin de promouvoir et diffuser auprès du grand public les actions entourant l'utilisation de la pleine conscience comme outil de mieux-être hors de tout contexte religieux, l'ADM met en lien les professionnels de trois pays francophones (Belgique, France et Suisse) pour leur permettre d'échanger sur leurs pratiques et leurs dernières recherches. Elle organise des conférences sur ces sujets et oriente le public vers ceux qui instruisent des groupes, notamment grâce à l'annuaire de ses membres. Ainsi, elle offre un espace de réflexion mais aussi de pratique. Pour ceux qui veulent aller plus loin dans la pratique de pleine conscience, l'ADM organise régulièrement des retraites silencieuses avec des intervenants qui ont une expérience reconnue de méditation.
Site : association-mindfulness.org

ASSOCIATION BELGE FRANCOPHONE DE MINDFULNESS (ABFM)

L'ABFM s'est fixé pour objectif de soutenir le développement et la diffusion de la pleine conscience, de créer une communauté d'enseignants-instructeurs de pleine conscience et de regrouper et relayer l'information sur les possibilités de formation continue et autres événements en lien avec la pleine conscience.
Site : abfm.be

2. Prendre soin des autres et de la société

ARCHI HUMAN

Luc Schuiten est un architecte utopiste reconnu internationalement pour son engagement en faveur d'un monde plus humain et plus respectueux de la nature. Au lieu de rejoindre les personnes qui râlent, se plaignent ou se résignent, il a décidé de rêver et d'aider à construire le monde dans lequel il voudrait vivre. Le projet Archi Human s'inscrit dans cette démarche. L'objectif est de réinsérer durablement les personnes sans abri dans des logements de qualité, sur le plan tant architectural qu'environnemental. « Cette idée, née il y a quelques années, a pour vocation de rendre nos villes plus aimables et plus chaleureuses, et de faire de deux problèmes une solution. Dans les villes, nous avons d'une part beaucoup d'espaces résiduels abandonnés – des chancres qui dévalorisent le tissu urbain et dont les promoteurs ne savent que faire – et, d'autre part, des accidentés de la vie, des laissés-pour-compte pour lesquels on ne trouve pas de solution. Avec une dizaine d'autres personnes, nous avons créé une association pour fournir à ces personnes fragilisées des logements décents, architecturalement propres, biosourcés, bien isolés, etc. Avec également un accompagnement végétal, car tout ce qui fait partie du vivant peut aider à reconstruire les personnes abîmées. Cela fait quatre ans que nous menons ce projet, avec déjà de beaux résultats à la clé : trois communes nous ont offert des terrains sous bail emphytéotique et des projets vont donc pouvoir s'y réaliser. Nous n'avons pas encore tous les fonds pour aboutir, mais nous nous y employons. À cette fin, nous suivons aussi le projet Housing First, ce programme qui aide les gens à se reconstruire en leur offrant des habitations sans conditions. Travailler en collaboration avec ce projet nous a permis de

voir à quel point cela peut être efficace, car les résultats obtenus aux États-Unis sont formidables. »
Site : archihuman.com

KARUNA-SHECHEN

Cette association à but non lucratif fondée par Matthieu Ricard en 2000 travaille avec un réseau de partenaires et de bénévoles locaux pour fournir des services éducatifs, des soins de santé et des services sociaux aux populations défavorisées en Inde, au Népal et au Tibet. Ancrée dans l'idéal de la compassion (c'est le sens du mot tibétain *karun*) en action, fondée sur la conviction selon laquelle l'accès à l'éducation ou aux soins de santé ne devrait être refusé à personne, Karuna-Shechen développe des programmes en réponse aux besoins et aspirations spécifiques des communautés, dans le respect des héritages culturels qui leur sont propres. L'association accorde une attention particulière à l'éducation et à l'autonomisation des femmes et des jeunes filles. Depuis 2000, Karuna-Shechen a mis en œuvre plus de cent dix projets humanitaires en Inde, au Népal et au Tibet. Quinze ans d'expérience qui lui ont permis d'établir un réseau de collaborateurs sérieux recrutés et formés sur place.
Site : karuna-shechen.org

SAMU SOCIAL DE BRUXELLES

Projet soutenu par Émergences, le Samu social de Bruxelles est un dispositif d'urgence sociale qui offre une aide aux personnes sans abri de Bruxelles. Outre un hébergement d'urgence, le dispositif comprend des équipes mobiles d'aide qui se portent à la rencontre des personnes qui ne sont plus en situation de demander de l'aide. Le Samu social est à l'urgence sociale ce qu'est le Samu médical aux urgences médicales pour les blessés physiques. Il s'agit d'abriter et de soulager les

personnes sans abri, certes, mais aussi d'aller, grâce à des équipes mobiles d'aide, vers les personnes dans le besoin, de soigner, via l'action des médecins et infirmiers qui offrent une permanence quotidienne dans leurs centres, de repérer et d'identifier la demande auprès des plus fragiles et de mettre en place un accompagnement psychosocial pour ceux qui le souhaitent, en vue de tenter de les orienter vers des solutions adaptées, afin qu'ils puissent trouver un logement, si possible durablement. L'ensemble des services du Samu social sont totalement gratuits et inconditionnels.
Site : samusocial.be

SAMU SOCIAL DE PARIS

Le terme « Samu social » désigne une approche professionnelle qui vise à aller vers les personnes pour maintenir le lien social, voire le recréer, faire émerger une demande, et rechercher la réponse la plus adaptée.
À l'origine de cette approche, qu'il déploie notamment par l'intermédiaire de ses équipes mobiles, le Samu social de Paris développe aujourd'hui un ensemble d'actions de lutte contre la grande exclusion : écoute et orientation par le 115 de Paris, hébergement en centres d'hébergement d'urgence (CHU), accueil de jour, soins en Lits halte soins santé (LHSS) et Lits d'accueil médicalisé (LAM), accompagnement social, etc.
Parmi les grands principes qui fondent son action figurent l'inconditionnalité, le respect de l'anonymat et le libre choix des personnes d'accepter ou non l'aide proposée. Les équipes d'intervention sont composées uniquement de professionnels : travailleurs sociaux, éducateurs spécialisés, médecins, infirmiers (IDE), aides-soignants, animateurs...
Site : samusocial.paris

ASSOCIATION SEVE

Les enfants sont les forces vives de demain. Pour lutter dès aujourd'hui contre le mal-être et le manque de repères de beaucoup de jeunes, pour les prémunir contre les risques de dérives dogmatiques, pour leur permettre de faire face aux grands défis sociétaux, nous voulons les aider à grandir en discernement et en humanité.
Pour cela, il est important de les inciter à construire leur pensée, à acquérir un esprit critique, à comprendre leurs émotions, de les encourager à être acteurs du changement, à respecter l'autre dans sa différence, à faire preuve d'empathie, autant de compétences de savoir-être et de vivre-ensemble.
En 2016, forts de cette conviction partagée et riches de leurs expériences complémentaires, Frédéric Lenoir et Martine Roussel-Adam ont décidé de cocréer la fondation SEVE – Savoir Être et Vivre Ensemble –, abritée par la Fondation de France. De son côté, l'association qui en découle propose des formations à l'animation d'ateliers de philosophie et de pratique de l'attention et intervient notamment dans les établissements scolaires.
Site : seve.org

ASSOCIATION IMAD POUR LA JEUNESSE ET LA PAIX

Après l'assassinat de son fils par Mohamed Merah, la maman d'Imad Ibn Ziaten a créé l'association IMAD. Aujourd'hui, Latifa Ibn Ziaten se déplace à travers le monde pour sensibiliser, grâce à ses conférences, des jeunes, des parents, des détenus en milieu carcéral et des personnes dans des centres sociaux afin de favoriser un authentique dialogue interreligieux, de prévenir les dérives sectaires et extrémistes parmi les jeunes et les délinquants, et de promouvoir la laïcité autant que la tolérance religieuse.
Site : association-imad.fr

UNIVERSITÉ POPULAIRE D'ANDERLECHT

L'Université populaire d'Anderlecht propose des activités selon quatre axes d'échange de savoirs et de compétences : 1) Les cours. Organisés chaque semaine et encadrés par des animateurs professionnels, on y aborde l'informatique, les langues et les matières scolaires. 2) Les stages. Réalisés régulièrement au cours de l'année, ils mêlent la création artistique avec le dépassement physique et mental et l'apprentissage de matières scolaires. 3) Les ateliers d'expression critique. Espaces de discussions, d'expression, de débats et de réalisation de projets collectifs, les ateliers s'organisent tout au long de l'année. Ils permettent à chacun de valoriser ses savoirs et de mieux comprendre le monde pour être acteur du changement. 4) Le soutien aux initiatives populaires. Ouverte aux idées portées par les citoyens, l'Université s'engage à apporter un soutien matériel, logistique et organisationnel aux initiatives des Bruxellois pour les accompagner dans la réalisation de leurs projets. Pour favoriser l'échange de savoirs et de compétences entre les générations, la plupart des activités sont mixtes : Médiation scolaire (enfants et jeunes), Atelier de transmission de la mémoire collective (pour tous), Atelier théâtre (jeunes et adultes), Conférences et débats (pour tous), Ciné-club (pour tous), Activités culturelles (pour tous), Atelier créatif d'art plastique (enfants et adultes). Depuis 2014, nous intervenons dans la formation en pédagogie active organisée par l'Université populaire d'Anderlecht. Six modules de pleine conscience de deux heures sont proposés aux participants de cette formation. Le public est large et diversifié : personnes sans emploi, militants, volontaires, employés à temps réduit dans le secteur socioculturel ou toute personne désireuse d'accompagner les enfants dans leur parcours scolaire par une pédagogie active. Les modules de pleine conscience

développés sont construits en veillant à ce que les participants s'approprient plus personnellement ce qu'est la pleine conscience pour se sentir outillés et en confiance pour transmettre, dans un second temps, ce qu'ils auront appris aux enfants.
Site : universitepopulairedanderlecht.be

SOCIAL +

Social + est une association regroupant différents professionnels et étudiants : psychologues, chercheurs, professionnels de l'accompagnement, coachs, étudiants en santé, etc. Sa volonté est de promouvoir l'éducation, au sens « d'apprendre tout au long de sa vie », dans différents secteurs : écoles, universités, associations, hôpitaux, entreprises, ONG, etc. Nos actions se fondent sur des pratiques issues des recherches en psychologie et ont pour vocation de profiter au plus grand nombre. L'objectif final, en toute modestie, est d'améliorer le vivre-ensemble.
Site : social-plus.fr

3. Prendre soin de la planète

LA FERME D'HENNI LE COCHON

Henni est un cochon sauvé par Jean-Luc Daub alors que l'abattoir se profilait pour lui : il avait atteint le poids idéal pour finir en jambon ou en saucisson. Après quinze années d'enquête et de difficultés psychologiques liées à son travail d'inspecteur dans les abattoirs, Jean-Luc Daub a créé ce refuge d'animaux de ferme rescapés de l'abattage, tout en menant des activités de sensibilisation du grand public à la défense des droits des animaux.
Contact : ferme.henni@gmail.com
(aussi sur facebook)

ASSOCIATION TERR'EVEILLE

Inspirée par les mouvements de l'écologie profonde, de l'écopsychologie et par la transition écologique, cette association cofondée par Corinne Mommen, Helena Ter Ellen et Gauthier Chapelle tente de répondre à cette question essentielle : « Comment aller à la rencontre de notre découragement et de notre impuissance face à l'ampleur de la crise écologique et sociale, pour les transformer en engagement créatif ? » Mais aussi : « Comment renforcer nos racines pour nous soutenir nous-mêmes, les autres et la Terre ? » Pour ce faire, l'association propose des ateliers de « travail qui relie » (TQR) dont nous avons parlé dans cet ouvrage.
Plus d'infos : terreveille.be

SINGING MOLENBEEK / ASSOCIATION CHANTER POUR VIVRE ENSEMBLE

L'association Chanter pour vivre ensemble a vu le jour à Molenbeek, avec la création d'une chorale de jeunes de 5 à 12 ans qui vivent dans un contexte multiculturel et sont issus de milieux sociaux divers. C'était le 29 août 2016, quelques mois après les attentats de mars 2016 qui ont rendu cette commune bruxelloise tristement célèbre.
La vocation de l'association est de développer des projets artistiques et pédagogiques mettant en valeur les trois facteurs impliqués dans le processus d'éducation : l'école, l'enfant et la famille. Les éléments clés du projet se résument en cinq mots : écoute, amusement, confiance, solidarité et discipline. En collaboration avec des musiciens de grande qualité, l'association encadre actuellement plus de deux cent cinquante enfants au sein de huit écoles communales molenbeekoises, afin de les préparer de différentes manières à « chanter ensemble ».
« Nous croyons profondément que la musique, et par

conséquent la création de chorales dans le cadre scolaire, représente un excellent moyen de promouvoir la culture comme vecteur d'inclusion et d'émancipation des enfants, de manière simple et efficace. De plus, la musique permet aux enfants comme à leurs familles d'accéder à toute une série de lieux culturels de la région. Au-delà du simple "passe-temps", il s'agit de donner aux enfants un réel accès à la culture. »
Membres : Zeno Popescu, Julien Libeer, Lorenzo Gatto, Sylvain Pénard, Julien Brocal, Yuhmi Iwamoto, Caroline de Mahieu, Ana-Camelia Stefanescu.
Site : singingmolenbeek.be

COHERENTIA / LE JARDIN MUSICAL

Coherentia est née de la volonté de réunir artistes et scientifiques, ces inventeurs de mondes possibles que l'on oppose trop souvent. Ils œuvrent pourtant pour un même idéal : nourrir une forme de conscience plus profonde et de présence plus pleine, plus riche et plus complexe au monde et à nous-mêmes.
Le sentiment de cohérence naît lorsqu'un ensemble d'éléments différents se lient, se combinent et s'accordent ; lorsque des êtres que finalement rien n'oppose se rencontrent et collaborent intimement ; ou lorsque l'on tend à vivre en parfait alignement avec ce qui nous est essentiel.
De la cohérence d'une théorie scientifique à l'harmonie d'un morceau de musique, il n'y a qu'un pas pour qui ose s'aventurer hors du cadre, se laisse porter par la raison autant que par son intuition, sa sensibilité et sa créativité, et cherche à éprouver le réel autrement. Cette expérience nourrit alors un sentiment de paix et d'unité profonde, qui invite à prendre soin de la vie en nous et autour de nous.
C'est à cette aventure que nous convie Julien Brocal, pianiste et ancien élève de Maria João Pires, par le biais de concerts,

rencontres, conférences, ateliers et autres événements culturels intimistes.
Mêlant arts, sciences et méditation, son atelier baptisé « Le Jardin musical » prend vie. L'objectif : décloisonner les arts, les sciences et les publics, faciliter la rencontre entre des univers complémentaires, pour mieux comprendre et ressentir le monde. Mais aussi créer des ponts, non pas seulement entre artistes et scientifiques, mais également vers d'autres types de publics, chorales d'enfants ou personnes précarisées, par le biais de partenariats avec des associations à vocation sociale ou pédagogique.
Nul doute que dans ce Jardin musical à nul autre pareil, les graines semées à tout vent ne tarderont pas à germer, donnant naissance à des essences magnifiques et variées s'enrichissant mutuellement.
Après tout, comme le disait l'écrivain Hector Bianciotti, les jardins ne sont-ils pas « une des formes du rêve, comme les poèmes, la musique et l'algèbre » ?

ANNEXE 3

L'ASSOCIATION ÉMERGENCES

« Se changer, changer le monde. » Basée à Bruxelles, l'association Émergences a pour objectif de contribuer à l'émergence d'une société plus juste, consciente, altruiste, chaleureuse et solidaire. Cofondée par Ilios Kotsou et Caroline Lesire en 2009, l'association rayonne aujourd'hui dans le paysage associatif grâce à la qualité de ses activités et à la renommée de ses intervenants, mais aussi grâce à l'engagement et à la fidélité de ses nombreux sympathisants. Inspirée par l'adage de Gandhi « *Be the change that you wish to see in the world* », Émergences propose des activités essentiellement en lien avec la méditation engagée, dans la perspective d'un mieux-être tant individuel que social et collectif (en prenant en compte les animaux et la nature). Dans une démarche solidaire, chaque activité organisée par l'association contribue à financer des projets sociaux en Belgique et à l'étranger.

Les Journées Émergences, organisées chaque année en septembre, y sont entièrement consacrées, la totalité des bénéfices étant reversée à des projets solidaires en Belgique et ailleurs dans le monde.

Nos activités

Découverte et pratique de la méditation de pleine conscience

Comme on l'a vu plus haut, Émergences propose différentes activités pour découvrir la pleine conscience bienveillante ou approfondir sa pratique.

Conférences

Émergences accueille régulièrement à Bruxelles des auteurs, philosophes, psychologues, chercheurs ou praticiens dans le domaine des sciences humaines pour partager avec le public autour des thèmes qui lui sont chers, telles la psychologie positive, les neurosciences ou l'éducation. Si l'association met aussi en avant le travail de chercheurs méritants et moins connus, elle accueille régulièrement des conférenciers dont la réputation n'est plus à faire. Parmi ceux-ci : Matthieu Ricard, Pierre Rabhi, Isabelle Filliozat, Catherine Gueguen, Jon Kabat-Zinn, Céline Alvarez, Edel Maex et bien d'autres.

Formations et ateliers

Parce qu'il n'y a rien de tel que la pratique, Émergences propose également des rencontres d'un ou plusieurs jours avec des thérapeutes, philosophes, psychologues ou pédagogues dans un cadre plus restreint, afin d'échanger autour d'outils concrets et de faciliter la transmission de pratiques.

Les Journées Émergences

Événement de référence de la méditation engagée dans le monde francophone, ces journées rassemblent chaque année plusieurs milliers de personnes pour deux jours de transformation personnelle et d'engagement citoyen aux côtés d'intervenants de qualité, célèbres ou moins célèbres, tous bénévoles. Elles abordent les thèmes de la méditation, de l'altruisme, du bonheur et de la solidarité de manière interdisciplinaire et vivante en mêlant philosophie, psychologie, écologie, neurosciences et arts. Elles ont vu le jour en 2009, en même temps que l'association Émergences, sous l'impulsion d'Ilios Kotsou, de Caroline Lesire, de Christophe André et de Matthieu Ricard. Elles sont nées d'une triple envie : partager des connaissances, créer du contenu de qualité et soutenir des projets solidaires.
Plus d'infos : journeesemergences.org

Le prix Émergences-L’Iconoclaste

Tous les deux ans, le prix Émergences-L’Iconoclaste récompense une association dont l’action contribue à construire un monde meilleur, plus équitable et plus solidaire.

Pourquoi un tel prix ?

Les éditions L’Iconoclaste et l’association Émergences incarnent et défendent des valeurs communes de solidarité, de bienveillance, ainsi qu’un même désir de partager des connaissances avec le grand public et de favoriser la rencontre avec des auteurs passionnants et inspirants.

Après avoir publié deux livres avec l’association, l’idée d’un prix destiné à récompenser un projet œuvrant dans le même sens et partageant les mêmes valeurs de progrès humain et d’altruisme s’est imposée naturellement.

À la suite de leur collaboration fructueuse lors de la publication de l’ouvrage *Se changer, changer le monde*, Émergences et les éditions L’Iconoclaste ont décidé de s’associer pour créer un prix d’une valeur de 5 000 euros qui récompense, tous les deux ans, une association engagée dans le domaine de la justice sociale et de la solidarité qui s’efforce de construire un monde meilleur et plus équitable.

En 2014, c’est la ferme du Harby (site : laferme

duharby.be), située dans le Hainaut, en Belgique, qui a reçu le prix. Elle propose des activités de ressourcement, notamment via l'hippothérapie, aux personnes handicapées, aux patients psychiatriques, aux enfants placés et aux adolescents en décrochage scolaire.

En 2016, ce fut au tour de la Maison du mieux-être (site : maisonmieuxetre.be), un lieu de transition entre l'hôpital et la vie quotidienne dont le but est de donner aux patients atteints d'un cancer les ressources nécessaires pour vivre et traverser la maladie. Enfin, en 2018, le prix a récompensé l'architecte belge Luc Schuiten pour son projet Archi Human (site : archihuman.com), respectueux de l'homme autant que de la nature. (voir Annexe 2 : des associations pour prendre soin de la vie)

À qui s'adresse le prix Émergences-L'Iconoclaste pour un monde plus solidaire ?

Le prix s'adresse à toute association disposant d'un statut légal, dont le siège social est basé en Suisse, France ou Belgique, qui mène des projets dans le pays du siège depuis au moins deux ans dans le domaine de l'éducation permanente, de l'intégration, de la solidarité, de l'interculturalité, de l'équité.

Comment concourir ?

Pour recevoir le règlement du concours, envoyez-nous un e-mail à info@emergences.org. Date limite

Les intervenants et les bénévoles des Journées Émergences réunis pour une photo de groupe.

de dépôt des candidatures complètes : le 15-06-2020. Après délibération du jury, le prix sera remis à Bruxelles, lors des Journées Émergences de septembre 2020.

Quelques projets d'Émergences

Graines d'Émergences

Consciente que l'école est le lieu de tous les apprentissages, l'équipe propose, pour la méditation dans l'enseignement créée par Candice Marro, des modules pour appréhender la pleine conscience bienveillante et l'intégrer au quotidien, avec les élèves, les parents et les collègues. Ces modules permettent de développer des compétences fondamentales pour aborder le monde avec confiance, ouverture et bienveillance, tout en contribuant à une atmosphère de travail saine et propice aux apprentissages.

Plus d'infos : grainesdermergences.be

Mindfulness Initiative Belgium (MIB) :

Mindfulness Initiative Belgium a pour mission d'informer et de sensibiliser le monde politique et les institutions sur les bienfaits de la méditation de pleine conscience dans la société, et ce plus particulièrement dans le domaine de l'éducation, de la santé, de la justice et du changement social et écologique. MIB envisage la *mindfulness* dans l'esprit du « bonheur national brut » : comme un des éléments fondamentaux qui permettent de prendre soin de soi-même et des liens sociaux au service d'une société plus juste et solidaire, et de prendre soin de la nature et du vivant sous toutes ses formes.

Pour ce faire, nous mettons à disposition du monde politique et des institutions un réseau d'experts en *mindfulness* afin de partager les dernières recherches scientifiques sur le sujet, de faire part des dernières avancées et actions menées actuellement en Belgique dans les domaines d'intérêts étudiés, puis d'émettre des recommandations sur l'intérêt de la *mindfulness* dans le cadre de politiques publiques. Cette initiative, soutenue par des représentants des principaux partis politiques belges et parrainée notamment par Matthieu Ricard, Tho Ha Vinh, Edel Maex et Claude Maskens, compte également parmi ses membres des personnes ressources de premier ordre appartenant au domaine de la *mindfulness* ou aux milieux académiques.

Les domaines couverts par MIB s'étendent de la naissance à la fin de vie en passant par l'éducation, la justice, la culture, la santé, la recherche, le monde du travail, l'environnement, le bien-être psychologique et la bonne gouvernance.

Nous facilitons aussi la formation d'acteurs des

institutions et du monde politique afin de favoriser une plus grande conscience altruiste dans ces milieux.

Objectifs du projet : renforcer les liens entre vie intérieure et engagement citoyen, promouvoir des institutions plus conscientes, résilientes, inclusive, au service d'une société plus juste, éthique et solidaire.

Plus d'infos : mindfulnessinitiativebelgium.org

Sentier méditatif de l'abbaye de Villers

Fidèle à son objectif de rendre la méditation de pleine conscience plus accessible à tous, l'association Émergences a contribué à la conception d'un Sentier méditatif dans le jardin des Senteurs de l'abbaye de Villers-la-Ville. Dans une société où tout va toujours plus vite, les hommes ont plus que jamais besoin de se poser. Lieu de ressourcement, l'abbaye est l'endroit idéal pour pratiquer la méditation. Inauguré en mai 2018, le Sentier méditatif, parcours d'introspection guidé par la pleine conscience, invite dans un premier temps le visiteur – néophyte ou habitué – à s'arrêter, à se recentrer et à savourer l'instant présent. En lien avec ce projet, des séances de méditation guidées sont régulièrement programmées pour tout public dans l'abbaye ou dans la cave romane (en cas de mauvais temps). Un intervenant guide la méditation autour d'une thématique particulière, quelquefois accompagné d'un ou de plusieurs musiciens.

Méditation en prison

Depuis 2014, l'association propose des cycles de pleine conscience à la prison de Leuze-en-Hainaut, sur la base du volontariat, tant pour le personnel que pour les détenus. L'objectif de ces sessions est d'aider les individus à prendre conscience de ce qui est important pour eux, de leurs difficultés et de leurs ressources pour préparer une réinsertion réussie dans la société.

Les Journées Émergences vues par Matthieu Ricard, Christophe André et Alexandre Jollien

Alexandre : Pour moi, Émergences, c'est un peu comme une retraite spirituelle en condensé. Quand on est en voiture, le GPS nous demande parfois d'indiquer des « repères GPS » pour localiser la maison, le bureau, afin de nous retrouver plus facilement. Je pense que l'on pourrait en créer un avec la qualité d'être qu'on trouve chez Émergences, juste centrée sur la joie d'être ensemble. J'ai mis dix ans à comprendre le concept d'émergence. Je pense que cela veut dire que le « nous » est plus fort que le « je ».

Je dis souvent que la vie spirituelle est un slalom entre la tyrannie du « je », de l'égo, et la dictature du « on » : « on » doit faire ceci, ou « on » ne doit pas faire cela. Entre ces deux extrêmes, le « nous » permet de faire éclater la frontière de l'individualité et d'embrasser tous les êtres vivants.

Christophe : Ce qui caractérise pour moi ces journées uniques, c'est ce sentiment de chaleur et de fraternité. Ce qui les différencie d'autres formes de colloques scientifiques où chacun vient raconter son histoire ou présenter ses travaux, c'est ce sentiment de créer à chaque fois, même de manière transitoire, une communauté dont nous ressortons transformés pour peu que nous ouvrions nos oreilles, nos yeux, notre cœur, notre esprit à ce qui est proposé. De mon côté, j'ai l'impression que l'édition 2018 était la plus émouvante des dix que j'ai connues. Je partage avec vous une petite anecdote : lors de la séance de dédicaces, un moment très précieux où nous rencontrons les personnes qui sont attentives à notre façon de voir le monde, d'en parler, d'y réagir, une personne vient me voir avec des questions insolubles : « Je suis travailleur social, et parfois on est face à des gens qui n'ont plus aucune ressource, qui n'ont plus aucun ressort, qui sont tellement abîmés qu'on se sent totalement impuissant. Vous savez ce que je pourrais faire dans ces cas-là ? » Évidemment, je ne sais pas ce qu'on peut faire dans le cas précis dont elle me parle, mais j'essaie de discuter avec elle, de réfléchir. Nous en sommes arrivés à la conclusion que souvent, dans nos vies, nous sommes en situation d'impuissance par rapport à la détresse ou à la souffrance d'autrui. La seule solution possible qui se dégage de ce sentiment d'impuissance, c'est la présence. C'est être, vraiment, de tout cœur, le plus fortement possible, avec les personnes qui en ont besoin, leur donner à cet instant tout ce que nous avons. C'est rare dans la vie, que l'on donne tout ce qu'on a. En général, on donne un petit peu, puis on en garde pour soi ou pour ses proches. Dans ce moment-là, même si cela ne dure pas longtemps, je donne tout ce que j'ai, et c'est sans doute ce qui m'a donné l'impression que notre échange l'avait apaisée, même si elle n'avait rien appris, car au fond c'est ce qu'elle faisait déjà. Ce petit échange est à l'image de ce que nous essayons, au sein de l'équipe d'Émergences, d'apporter chaque année. On sait que la tâche est énorme, que ce monde n'est pas un monde facile, mais on sait aussi qu'en se mettant ensemble, en se donnant de l'énergie les uns aux autres, on peut réellement faire bouger le monde dans la bonne direction.

Matthieu : Alexandre évoquait la notion d'émergence. Chez Émergences, comme son nom l'indique, je ressens quelque chose de plus qu'une succession d'interventions. Peut-être cette bienveillance vis-à-vis de l'être humain, des autres espèces et de l'environnement qui se dégage, comme une valeur commune ? Nous participons aux Journées Émergences avec l'idée de contribuer modestement à un monde meilleur. Mais ce n'est pas seulement les quelques bonnes paroles ou bêtises que nous avons pu raconter qui nous aideront à y parvenir, c'est quelque chose qui émerge du contact avec le public et qui fait qu'effectivement, on se sent bien après une journée Émergences, on se sent conforté, rasséréné. L'émergence qui naît de tout cela, c'est ce qui fait que nous sommes très heureux de revenir année après année, tant que nous ne sommes pas trop gâteux. Lors de ces journées, l'émergence, la coopération et l'interdépendance se mêlent donc harmonieusement. Mais il y a aussi la joie de l'amitié, qui est très présente ici, et cette complicité, qui n'est pas seulement de circonstance. Bien sûr, nous rencontrons des visages nouveaux à chaque fois, mais il y a aussi des liens qui se perpétuent au-delà du temps. Je pense que cela se ressent aussi avec le public, au fil des ans, et que c'est toujours une belle expérience. S'il n'y avait plus qu'un seul événement auquel participer encore, je choisirais peut-être bien les Journées Émergences…

Alexandre : Ce matin, j'ai eu du mal à me réveiller. Sous la douche, pour me donner de l'entrain, j'ai mis de la musique un peu fort, un morceau de rock que j'aime bien, qui pose la question suivante : « *Is God dead?* » Tandis que je mettais ça à plein tube, je pensais à Ilios, à Christophe et Matthieu, j'étais tout content sous ma douche et je me disais : « La vie est tellement simple avec les amis, avec les gens, les interdépendances, c'est génial, c'est pas la jungle ! » Et tout à coup, j'entends frapper à la porte, j'ouvre et je tombe sur le patron de l'hôtel qui me dit : « Il est sept heures et demie du matin, votre heavy metal…, c'est pas l'heure. » Super, l'interdépendance… Je me suis excusé, encore une leçon !

Matthieu : Cela dit, Alexandre est facilement satisfait. On était juste assis dans le couloir tout à l'heure, c'était pas Tahiti, là, sur trois chaises, et il s'est exclamé avec un air ravi : « On est bien là, hein ? »

REMERCIEMENTS

Merci à toutes les intervenantes et à tous les intervenants des Journées Émergences, en particulier à Christophe André et à Matthieu Ricard, qui nous font l'amitié de nous accompagner dans cette aventure commune depuis onze ans.

Merci à Gauthier Chapelle, Alexandre Jollien, Steven Laureys, Luc Schuiten, Rebecca Shankland et Suzanne Tartière pour leur contribution généreuse à cet ouvrage.

Merci à Olivier Adam, photographe de talent au grand cœur.

Merci à Sophie de Sivry, directrice des éditions L'Iconoclaste, pour sa confiance et à Catherine Meyer, notre éditrice, pour son accompagnement d'un professionnalisme inégalé, pour sa gentillesse, sa patience et toutes ces discussions si enrichissantes.

Merci aussi à Lola Nicolle et Julie Galand pour leur appui dans le travail rédactionnel.

Merci à Jean-Luc Daub, Latifa Ibn Ziaten, Bernadette Lavollay, Edel Maex et Ève Ricard de nous avoir permis de partager un peu de leur manière concrète de « prendre soin », ils nous inspirent énormément.

Merci à Laure Waridel pour son « intégrité non intégriste » et à tous les intervenants des premières Journées Émergences au Québec pour l'accueil et l'inspiration.

Merci à Isabelle Giraldo et aux autres amis qui nous ont fait connaître le travail si inspirant de Joanna Macy.

Nadège Alexandre, Céline Angelici, Diane Angermüller, Véronique Boissin, Michèle Borgers, Catherine Cardoso Nunes, Cédric Cocq, Patricia de Solages, Marc Decitre, Étienne Degrave, Laure Derenne, Isabel Dominguez, Anne-Claire Gagnon, Julie Galand, Fernando Garcia Ferreiro, Véronique Gester, Raphaëlle Héron, Dominique Hubert, Maëlle Kahan, Erkyna Kotsou, Agnès Lesire, Yeshe Leyens, Candice Marro, Baptiste Marsollat, Ikrame Messaoudi, Thylla Nève, Mathieu Noirhomme, Julie Schittly, Valérie Van Belle, Xavier Van Houtvin, Sabine Verhest et Lindsay Zeippen nous ont, chacune et chacun à leur manière, apporté de l'aide pendant la rédaction, qu'ils en soient ici remerciés. Merci la tribu !

Merci à Nefeli, qui nous rappelle chaque jour la beauté surprenante de la vie.

Et merci à la vie pour son souffle inspirant…

LES AUTEURS

CHRISTOPHE ANDRÉ

Psychiatre et psychothérapeute français spécialisé dans la prise en charge des troubles anxieux et dépressifs, particulièrement dans le domaine de la prévention des rechutes, Christophe André est l'un des chefs de file des thérapies comportementales et cognitives en France. Il a également été l'un des premiers à introduire l'usage de la méditation en psychothérapie. Marié et père de trois filles, il a dirigé une unité spécialisée dans le traitement des troubles anxieux et phobiques à l'hôpital Sainte-Anne, et y a animé des groupes de méditation de pleine conscience dans le cadre de la prévention des rechutes dépressives. Il enseigne également à l'université Paris-X. Il est l'auteur de nombreux articles et ouvrages scientifiques, ainsi que de livres destinés au grand public.

SITE : CHRISTOPHEANDRE.COM
BLOG : PSYCHOACTIF.BLOGSPOT.COM

GAUTHIER CHAPELLE

Gauthier Chapelle est ingénieur agronome et docteur en biologie. Après une thèse en biologie antarctique au sein de l'Institut royal des sciences naturelles de Belgique, il s'engage pendant cinq ans dans la sensibilisation au changement climatique avec la Fondation polaire internationale. Il rejoint ensuite le mouvement du biomimétisme et cofonde en 2006 l'association Biomimicry Europa en vue de promouvoir le concept en Europe, puis le bureau d'études Greenloop, en 2007.

Depuis quelques années, il encourage un biomimétisme « low-tech » et se passionne en particulier pour l'agriculture biomimétique et postpétrole, aux côtés de Pablo Servigne et de la Ferme du Bec Hellouin, dont il a intégré le conseil scientifique.

Parallèlement, il mène une activité de conférencier, de collaborateur scientifique à l'Institut royal des sciences naturelles de Belgique depuis quinze ans, et est auteur ou coauteur d'une quinzaine de publications scientifiques. Naturaliste enthousiaste, il est également passionné d'oiseaux, de cétacés, d'orchidées et de plantes sauvages comestibles.

ALEXANDRE JOLLIEN

Écrivain et philosophe suisse, marié et père de trois enfants, Alexandre Jollien a vécu de 3 ans à 20 ans dans une institution spécialisée pour personnes handicapées en raison d'un handicap moteur cérébral, avant d'étudier dans une école de commerce et de s'intéresser à la philosophie. Son premier ouvrage, *Éloge de la faiblesse*, paru en 1999, a été très bien accueilli, tant par le public que par la critique. Il a également été couronné par le prix Pierre-Simon « éthique et société » pour l'ensemble de son œuvre. Aujourd'hui, il essaie de « vivre à fond » les trois vocations que lui a données l'existence : père de famille, personne handicapée et écrivain.
Site : ALEXANDRE-JOLLIEN.CH

ILIOS KOTSOU

Cofondateur d'Émergences, passionné par tout ce qui touche à l'humain et plus particulièrement par la richesse que donnent à nos vies les émotions, Ilios Kotsou a été actif pendant plus de quinze ans en tant qu'intervenant en matière de gestion des conflits et des émotions, notamment pour Médecins sans frontières, des athlètes de haut niveau et des médiateurs scolaires.

Docteur en psychologie et maître de conférences à l'Université libre de Bruxelles, Ilios Kotsou est aussi chercheur associé au sein de la chaire Paix économique, mindfulness et bien-être au travail de Grenoble École de Management. Membre de Mind & Life Europe, il s'intéresse de près aux interactions entre la science fondamentale et la mise en pratique sur le terrain. Il est l'auteur de divers ouvrages et articles scientifiques sur la pleine conscience, les émotions et la psychologie positive, parmi lesquels *Éloge de la lucidité* (Robert Laffont, 2014, prix Psychologies-Fnac 2015). Méditant engagé, il œuvre au lien entre vie intérieure et engagement citoyen.

SITE : ILIOSKOTSOU.COM

STEVEN LAUREYS

Neurologue et professeur de clinique au département de neurologie du CHU de Liège, directeur de recherche au FNRS, Steven Laureys a acquis une renommée mondiale pour ses travaux sur la neurologie de la conscience et le coma. Il dirige le Coma Science Group au sein du centre GIGA Consciousness, à l'université de Liège. L'objectif de son équipe est d'améliorer notre connaissance du fonctionnement cérébral résiduel des patients ayant survécu à une atteinte sévère du cerveau mais restant dans le coma, en état végétatif, en état de conscience minimale ou en syndrome d'enfermement. Ces patients posent en effet des problèmes diagnostiques, pronostiques et thérapeutiques majeurs. L'étude de tels patients est aussi susceptible d'améliorer notre connaissance de la conscience humaine. La majeure partie de ses travaux de recherche sont ainsi consacrés à l'étude des altérations de la conscience chez les patients sévèrement cérébrolésés, mais aussi durant l'anesthésie, le sommeil, la méditation et dans l'état hypnotique.

Steven Laureys est l'auteur de plus de trois cent cinquante articles scientifiques et de plusieurs ouvrages grand public, parmi lesquels *Un si brillant cerveau: les états limites de conscience*, publié en 2015 aux éditions Odile Jacob. Il est également lauréat de nombreux prix scientifiques, dont le prix Francqui (2017) – le prix scientifique belge le plus prestigieux.

CAROLINE LESIRE

Maman d'une petite fille et militante infatigable à l'enthousiasme contagieux, Caroline est diplômée en sciences politiques et en aide humanitaire internationale. Après avoir coordonné des projets d'accès aux soins de santé en Afrique, elle a créé avec son compagnon Ilios Kotsou l'association Émergences en 2009. Caroline supervise aujourd'hui les activités de l'association et anime des cycles de préparation à la naissance basée sur la pleine conscience. Elle est coautrice de plusieurs ouvrages collectifs tels que *Je me prépare à la naissance en pleine conscience* (Jouvence, 2018), *Psychologie positive : le bonheur dans tous ses états*, coécrit avec Ilios Kotsou (Jouvence, 2011), *Se changer, changer le monde* (L'Iconoclaste, 2013) et *Transmettre* (L'Iconoclaste, 2018).

MATTHIEU RICARD

C'est en 1967, lors d'un premier voyage en Inde, que Matthieu Ricard rencontre plusieurs êtres inspirants, parmi lesquels Kangyour Rinpoché, qui deviendra son premier maître bouddhiste. De retour en France, il achève sa thèse en génétique cellulaire à l'institut Pasteur sous la direction du prix Nobel François Jacob, avant de s'établir dans l'Himalaya. Ordonné moine bouddhiste en 1978, il est l'interprète français du dalaï-lama depuis 1989. Parallèlement, il photographie la vie dans les monastères ainsi que l'art et les paysages du Tibet, du Bhoutan et du Népal. Matthieu Ricard est l'auteur de nombreux ouvrages et consacre l'intégralité de ses droits d'auteur aux projets de Karuna-Shechen (voir associations), qu'il a contribué à lancer. Depuis 2000, il fait partie du Mind & Life Institute, qui facilite les rencontres entre la science et le bouddhisme, et il participe activement à des travaux de recherche qui étudient l'influence de l'entraînement de l'esprit à long terme sur le cerveau.

SITES : MATTHIEURICARD.ORG / KARUNA-SHECHEN.ORG

LUC SCHUITEN

Depuis près de quarante ans, l'architecte Luc Schuiten cherche, imagine et conçoit des solutions atypiques, créatives et poétiques à la dégradation de l'environnement, tout en s'affranchissant des codes en vigueur dans le domaine de l'architecture, rêvant de logements et de villes en relation étroite avec la nature et le végétal. Au fil de sa carrière, cet utopiste a ainsi dessiné de nombreux projets animés par le souci d'autres choix de vie. Mais c'est surtout à travers ses visions futuristes des villes de demain, construites avec des matériaux écologiques et vivants, qu'il développe toute son expression créatrice et imaginative, utilisant le dessin comme un outil d'exploration des possibilités à venir. Il est aujourd'hui responsable de l'atelier d'architecture Schuiten sprl et président de l'asbl Vegetal City. Il est également membre fondateur de Biomimicry Europa et de l'asbl Archi Human. Il communique sa vision du monde par des affiches, des conférences, des livres et des expositions dont il réalise toujours les scénographies.

Site : VEGETALCITY.NET

REBECCA SHANKLAND

Maître de conférences en psychologie clinique et psychopathologie à l'université Pierre-Mendès France (Grenoble), Rebecca Shankland est responsable du diplôme universitaire en psychologie positive, chercheuse au Laboratoire interuniversitaire de psychologie « Personnalité, cognition et changement social » et chercheuse associée à la chaire Paix économique, mindfulness et bien-être au travail de Grenoble École de Management. Elle est aussi membre du Groupe de recherche et d'intervention sur la présence attentive (Gripa) à l'université du Québec à Montréal (Canada) et membre fondateur et vice-présidente de l'Association française et francophone de psychologie positive. Ses recherches portent sur le développement et les effets de la gratitude et de la pleine conscience dans le domaine de l'éducation, des psychothérapies et des organisations. Elle est aussi psychologue clinicienne spécialisée dans le domaine des addictions et de l'éducation pour la santé. Elle œuvre depuis plus de vingt ans dans le domaine associatif, où elle contribue à des actions de prévention, d'éducation positive et de protection de l'environnement. Elle est membre fondateur de l'association Social +, dont le but est de promouvoir la diffusion de la psychologie positive dans l'éducation, notamment par un accompagnement à la parentalité, l'éducation populaire et la mise en place de programmes dans les établissements scolaires. Elle a publié chez Dunod *La Psychologie positive* (2014), *Les Pouvoirs de la gratitude* (2016) et *Manager en pleine conscience* (2017).

SUZANNE TARTIÈRE

Médecin régulateur au Samu à Paris depuis trente ans, Suzanne Tartière s'est engagée corps et âme dans son métier, qui était aussi son rêve d'enfant. Dans les situations d'urgence, elle est un maillon essentiel de la chaîne des secours, alternant régulation des appels et interventions d'urgence sur le terrain. « Suzanne écoute ses patients avec l'efficacité de l'urgentiste et la sensibilité du vieux médecin. Elle est à la croisée des chemins entre le social et le médical », écrit à son sujet le docteur Xavier Emmanuelli, fondateur du Samu social de Paris, qu'elle a rejoint en 1997. Avec ce dernier, elle a coécrit et publié *En cas d'urgence, Faites le 15* aux éditions Albin Michel (2015).

TABLE

CRÉDITS PHOTOGRAPHIQUES

CHAPITRE 1

P. 16 : © Sandrine Roudeix
P. 36-37 : © Jean-Pierre Devorsine

CHAPITRE 2

P. 46 : © Thierry Porchet

CHAPITRE 3

P. 68 : © Vinciane Lebrun-Verguethen/Voyez-vous

CHAPITRE 4

P. 88 : © CHU Liège

CHAPITRE 5

P. 112 : © Matthieu Ricard
P. 118-119 : © Karuna-Shechen

CHAPITRE 6

P. 136 : © Thierry Morturier

CHAPITRE 7

P. 158 : © DR

CHAPITRE 8

P. 182 : © Serge Cannasse

CHAPITRE 9

P. 198 : © Patricia de Solages

ANNEXE 3

P. 274-275 : © Olivier Adam

L'EXEMPLAIRE QUE VOUS TENEZ ENTRE LES MAINS
A ÉTÉ RENDU POSSIBLE GRÂCE AU TRAVAIL DE TOUTE UNE ÉQUIPE.

CONCEPTION GRAPHIQUE ET COUVERTURE : Sara Deux
CORRECTION : Jean-Luc Demizieux, Isabelle Paccalet et Vladimir Sichler
INFOGRAPHIES : Art Presse
MISE EN PAGE : Soft Office et IGS-CP
PHOTOGRAVURE : Point 11
FABRICATION : Maude Sapin avec Lucie Le Bon
COMMERCIAL ET RELATIONS LIBRAIRES : Adèle Leproux
PRESSE/COMMUNICATION : Karine Vincent avec Camille Saunier

DIFFUSION : Élise Lacaze (Rue Jacob diffusion), Katia Berry (grand Sud-Est), François-Marie Bironneau (Nord et Est), Charlotte Jeunesse (Paris et région parisienne), Christelle Guilleminot et Pascal Hostein (grand Sud-Ouest), Laure Sagot (grand Ouest), Diane Maretheu (coordination) et Charlotte Knibiehly (ventes directes), avec Christine Lagarde (Pro Livre), Béatrice Cousin et Laurence Demurger (équipe Enseignes), Fabienne Audinet (LDS), Bernadette Gildemyn et Richard Van Overbroeck (Belgique), Nathalie Laroche et Alodie Auderset (Suisse), Mansour Mezher (grand Export)

DISTRIBUTION : Hachette

DROITS FRANCE ET JURIDIQUE : Geoffroy Fauchier-Magnan
DROITS ÉTRANGERS : Sophie Langlais avec Anne Zunino
LIBRAIRIE : Laurence Zarra
ANIMATION : Sophie Quetteville
ENVOIS AUX JOURNALISTES ET LIBRAIRES : Vidal Ruiz Martinez
COMPTABILITÉ ET DROITS D'AUTEUR : Christelle Lemonnier, Camille Breynaert et Christine Blaise
SERVICES GÉNÉRAUX : Isadora Monteiro Dos Reis

Achevé d'imprimer en France sur les presses de l'imprimerie Corlet
à Condé-en-Normandie en août 2019.

ISBN : 978-2-37880-103-8
N° D'IMPRESSION : 205805
DÉPÔT LÉGAL : Octobre 2019